Detox
POWER UP
YOUR LIFE

Detox
POWER UP
YOUR LIFE

Mehr als 50 Rezepte für ein
natürlich gesundes Leben

Michael Weckerle

EIN BUCH DER
EDITION MICHAEL FISCHER

#DRINKS & SMOOTHIES   121

#SNACKS & DESSERTS   147

#VORWORT

Seit zwölf Jahren spielt für mich gesunde und nährstoffreiche Ernährung eine große Rolle, denn mir ging es genauso wie vielleicht jetzt dir. Ende 20, Anfang 30 wurden auch bei mir die Hosen enger und die Bewegungen beschwerlicher. Ich war immer ein sportlicher Mensch. Nachdem ich aber mit dem Fußballspielen aufgehört hatte, brachte ich innerhalb von zwei Jahren zehn Kilogramm mehr auf die Waage als noch zur aktiven Sportlerzeit.

Die Entwicklung bei mir war im Prinzip das Übliche – der Stoffwechsel verlangsamte sich, die Bewegungen im Alltag wurden weniger und Sport fand nur noch sporadisch statt. Entscheidend aber war, dass ich die Ernährung nicht an die neuen Gegebenheiten angepasst habe. Deshalb war ich auf der Suche nach einem Ernährungskonzept, bei dem ich mich energiegeladen fühle, spielend mein Gewicht halten kann und trotzdem auch das Genießen nicht zu kurz kommt.

Nachdem ich viele Ernährungsformen ausprobiert hatte und mich keine zufriedenstellte, hat mich die Philosophie von „Clean Eating" absolut überzeugt. Diesem Ernährungskonzept habe ich es zu verdanken, dass ich mich 2012 für den „Ironman Hawaii" qualifizieren konnte, und auf Big Island im Oktober nach 9 Stunden 47 Minuten erschöpft und glücklich die Ziellinie überqueren durfte.

Inspiriert durch die „Clean-Eating-Bewegung" in Amerika und weitere Recherchen gründete ich 2013 die Marke EAT CLEAN® in Deutschland. Ich vergrößerte durch meinen Blog (www.eat-clean.de) den Bekanntheitsgrad dieser Philosophie und motiviere heute Menschen, sich mehr mit gesunder Ernährung und ihrer Gesundheit auseinanderzusetzen.

Der Titel „Power up your life" sagt viel mehr aus, als es auf den ersten Blick erscheint. Was verbinde ich mit Power – Kraft oder Energie? Der Einfluss einer gesunden Ernährung auf Wohlbefinden und Gesundheit wird leider viel zu oft unterschätzt. Es gibt die Möglichkeit, mit nährstoffreichen und natürlichen Lebensmitteln das Energielevel um ein Vielfaches zu erhöhen, um im Alltag alle Aufgaben konzentrierter erledigen zu können.

Ich erläutere, warum eine Detox-Saftkur der optimale Startschuss für diese Ernährungs-Philosophie ist und welche Auswirkungen sie auf alle Bereiche des Lebens haben wird. Außerdem gibt es jede Menge Rezepte, die nährstoffreich und lecker zugleich sind.

„Power up your life" bedeutet auch, sich im Alltag mehr zu bewegen und zusätzlich ein leichtes Sportprogramm mit Kräftigungs- und Beweglichkeitsübungen zu absolvieren. Wer Spaß daran hat, sich laufend oder mit schnellem Gehen in freier Natur zu bewegen, kräftigt sein Herz-Kreislauf-System und bekommt eine kostenlose Entspannungseinheit mit dazu. Wer alle Tipps in „Detox – Power up your life" beherzigt, wird in Zukunft leichter, entspannter und mit mehr Energie seinen Alltag bewältigen.

Herzlichst dein

Michael Weckerle

grundlagen

Eat Clean

DIE BASICS

FALSCHE ERNÄHRUNG, ZU WENIG BEWEGUNG, VIEL STRESS

Hoch verarbeitete Industrieprodukte, Fast Food an jeder Ecke und stark zuckerhaltige Getränke sind Bestandteile einer Ernährung, die mehr schadet, als dass sie die Gesundheit fördert. Diese Liste ließe sich endlos fortführen. Da jeder sich möglichst schnell und preiswert ernähren will, hat die Lebensmittelindustrie darauf reagiert. Die Tiefkühltheken werden immer größer, die Obst- und Gemüseabteilungen dagegen kleiner. Es gibt mehr industriell verarbeitete Lebensmittel denn je. Außerdem müssen wir eine stetig wachsende Weltbevölkerung mit Lebensmitteln versorgen, die in großen Mengen schnell und günstig hergestellt werden können.

Dafür muss man Lebensmittel länger haltbar machen und Konservierungsstoffe zusetzen. Durch eine längere Lagerung verlieren aber Nahrungsmittel ihren natürlichen Eigengeschmack, der wiederum mit künstlichen oder sogenannten „natürlichen" Aromen kompensiert wird. Hinzu kommen noch Farbstoffe und fertig ist der chemische Nahrungsmix. So wird unser Körper darauf konditioniert, dass uns fast nur noch hoch verarbeitete Lebensmittel schmecken. Wir sind beinahe süchtig danach. Und es werden immer wieder neue Mixturen entwickelt, die uns mehr oder weniger „abhängig" machen. Überdies suggeriert uns die passende Werbung, dass diese Nahrungsmittel gesund sein sollen.

Zudem wurden die Kalorien in den letzten 100 Jahren immer preiswerter und leichter verfügbar gemacht. Unsere Vorfahren mussten noch tagelang auf die Jagd gehen, um sich und ihre Familie mit Nahrung zu versorgen. Heutzutage gehen wir einfach in den Supermarkt und kaufen uns etwas zum Essen. Der Energieverbrauch dafür ist minimal und mit weniger Aufwand verbunden. Fertige Gerichte gibt es an jeder Ecke zum Mitnehmen. Man muss nur zugreifen. Die Versuche des Staats, Menschen zu einer gesünderen Ernährung zu motivieren, hinterlassen keine nennenswerten positiven Wirkungen. Das liegt wahrscheinlich an der Halbherzigkeit der meisten Ernährungsprogramme.

Das ist ein Teufelskreis, der Menschen mehr schadet, als dass er ihnen Geld oder Zeit einspart. Die dann irgendwann nötigen Therapien sind nicht nur sehr zeitintensiv, sondern vor allem mit hohen Kosten verbunden, sodass die Gesundheitssysteme und Volkswirtschaften massiv belastet werden. Ein Zitat von Sebastian Kneipp trifft in diesem Zusammenhang den Nagel auf den Kopf: „Wer nicht jeden Tag etwas Zeit für seine Gesundheit aufbringt, muss eines Tages sehr viel Zeit für die Krankheit opfern."

DIE ERNÄHRUNG MACHT UNS KRANK

Bestes Beispiel dafür ist der Diabetes Typ 2 – in Deutschland gibt es fünf bis sechs Millionen Menschen mit dieser Stoffwechselkrankheit und täglich erkranken mehr. Der dabei ständig erhöhte Blutzucker schädigt langfristig die Organe und begünstigt andere Erkrankungen, was nicht selten mit dem sogenannten metabolischen Syndrom endet und eine Entgleisung des kompletten Stoffwechsels zur Folge haben kann. Um das zu verhindern, spielen Präventionsmaßnahmen eine entscheidende Rolle, denn 85 Prozent aller Typ-2-Diabetiker sind übergewichtig oder fettleibig (adipös). Besonders Menschen, die familiär vorbelastet sind, sollten bewusst vorbeugen, am besten mit einer natürlichen und kaloriengerechten Ernährung sowie regelmäßiger Bewegung im Alltag. Die Anregungen in diesem Buch sind der Schlüssel für eine gezielte Vorsorge.

Diabetes Typ 2

Bei diesem Diabetestyp handelt es sich um eine genetisch- und lebenstilbedingte Insulinresistenz. Der Blutzucker kann durch die vermehrte Ausschüttung von Insulin nicht mehr gesenkt werden. Durch den ständig erhöhten Blutzucker werden auf Dauer Gefäße und Organe geschädigt.

DIE KALORIENAUFNAHME IST ZU HOCH

Überflüssige Kalorien wandern fast unbemerkt auf deine Hüften. 100 Kilokalorien mehr pro Tag bedeuten fünf bis sechs Kilogramm reines Körperfett zusätzlich pro Jahr. So viel Energie steckt etwa in einem Schokoriegel oder in 200 Milliliter Fruchtsaft.

Der menschliche Körper ist darauf programmiert, möglichst ökonomisch zu arbeiten. Eine Mahlzeit liefert in der Regel 500 bis 800 Kilokalorien. Diese Energiemenge kannst du dem Körper in kürzester Zeit zuführen. Um aber diese Energie durch körperliche Arbeit wieder zu verbrennen, muss man sich 60 bis 90 Minuten bewegen, je nach Art der sportlichen Aktivität.

Hinzu kommt noch, dass heutzutage Essen quasi überall verfügbar ist und man nur ein Mindestmaß an körperlicher Arbeit aufbringen muss, um dieses auf den Teller zu bringen. Was zu einem Großteil Fast Food, Fertig- und Tiefkühlprodukten zu verdanken ist.

METABOLISCHES SYNDROM

Es wird auch das tödliche Quartett genannt und liegt vor bei:

Fettleibigkeit mit einem Body-Mass-Index (BMI) >30,

erhöhtem Blutdruck,

veränderten Blutfettwerten

und gleichzeitiger Insulinresistenz.

KALORIENVERBRAUCH

So lange muss man joggen, um diese Kalorien zu verbrennen:

1 Tüte Chips, 175 g (970 kcal)
104 Minuten

1 TK-Pizza (680 kcal)
73 Minuten

1 Big Mac (495 kcal)
53 Minuten

1 Tafel Schokolade (530 kcal)
57 Minuten

1 Croissant (265 kcal)
28 Minuten

1 Bier, 400 ml (156 kcal)
17 Minuten

Haben es sich die zusätzlichen Kilos erstmal am Körper gemütlich gemacht, so will der Körper diese nur sehr ungern wieder hergeben und wehrt sich mit allen Mitteln dagegen. Werde deswegen aktiv, tue schon im Vorfeld etwas dagegen und ernähre dich natürlich und bewusster.

WISSENSWELTMEISTER UND VERHALTEN

Aufgrund der Medien mangelt es uns nicht unbedingt an Wissen von Grundlegendem. Denn von mehr Bewegung und einer gesunden Ernährung mit viel Gemüse hat jeder schon einmal etwas gehört. Dennoch gibt es viele Gründe, vorhandenes Wissen zu ignorieren. Ein angeblicher Zeitmangel und die Versuchungen an jeder Ecke fordern uns immer wieder heraus und machen es uns schwer, das Wissen im Alltag konsequent umzusetzen. Unser soziales Umfeld spielt dabei ebenfalls eine nennenswerte Rolle. Im Büro lachen uns ständig Schokoriegel oder Kekse an und in einem schwachen Moment greifen wir zu, obwohl wir stark und diszipliniert sein wollten. Auch Freunde und Familie beeinflussen unser Essverhalten deutlich mehr, als wir denken.

> *Von mehr Bewegung und gesunder Ernährung hat jeder schon mal was gehört. Dennoch gibt es viele Gründe, sich nicht daran zu halten.*

Sport findet für viele nur im Fernseher und auf der Couch statt. Denn es ist viel bequemer, andere schwitzen zu lassen und ihnen dabei zuzusehen. Haben wir doch einmal den inneren Schweinehund überwunden, dann sind solche Phasen von relativ kurzer Dauer. Dann heißt es oft: keine Zeit, zu anstrengend, keinen Spaß an der Sportart. So gibt es viele Gründe, wieder in alte Verhaltensmuster zurückzufallen.

WIR SITZEN ZU VIEL UND BEWEGEN UNS ZU WENIG!

Zu einem gesunden Lebensstil gehört auch Bewegung. Die alltägliche Bewegung wird allerdings immer weniger. Bei jeder Gelegenheit wird der Aufzug genutzt oder mit dem Auto so nah wie möglich am Zielort geparkt. Unsere Bewegungsunlust ist jedenfalls der beste Nährboden für Herz-Kreislauf-Erkrankungen, die in der westlichen Welt die häufigste Todesursache sind. In den vergangenen 50 Jahren sind die Kosten für die Behandlung von Krankheiten in den Ländern der OECD (Organisation für wirtschaftliche Zusammenarbeit und Entwicklung) stärker angestiegen als das Wirtschaftswachstum. Die Gesundheitssysteme und Volkswirtschaften leiden unter dieser Entwicklung und finanziellen Last.

Wir Menschen sind dafür geschaffen, uns ständig zu bewegen, und können aus eigener Kraft große Leistungen vollbringen. Unsere Gene haben sich nicht verändert, doch unser Lebensstil sehr. Und das beeinträchtigt unsere Gesundheit. Den ganzen Tag sitzen wir – im Auto, in der Bahn, am Arbeitsplatz und im Fitness-Studio an den Geräten. Einige Betriebe fangen inzwischen damit an, ihren Mitarbeitern Stehtische oder wenigstens höhenverstellbare Tische zur Verfügung zu stellen. Eine Entwicklung, die ich sehr begrüße und nachahmenswert finde.

Erwarte keine Belohnung, Hurra-Rufe oder deutliche Resultate, wenn du dich für mehr Bewegung entscheidest und ab sofort aktiv wirst. Der Weg ist das Ziel – tue es einfach! Danach wirst du dich einfach gut fühlen und es mit Sicherheit nicht bereuen.

GERINGER KALORIENVERBRAUCH

Der Kalorienverbrauch eines Büroangestellten ist minimal. Kopfarbeit verbraucht deutlich weniger Energie, als die meisten von uns denken. Diese Menschen sitzen fast den ganzen Tag am Schreibtisch in einer gekrümmten Haltung und werden so zu einem Opfer der modernen Arbeitswelt. Der technologische Fortschritt macht es möglich, dass man sich im Arbeitsleben immer weniger bewegen muss. Energieaufwendige Arbeiten werden mittlerweile fast nur noch von Maschinen übernommen. In Deutschland gibt es ungefähr 43 Millionen Erwerbstätige, und davon arbeiten 16 Millionen Menschen im Büro. Der deutsche Bundesbürger läuft durchschnittlich nur noch etwa 1000 Schritte pro Tag, das sind ungefähr 600 bis 700 Meter. Nach 20 Minuten im Sitzen verringert sich die Stoffwechselaktivität des Körpers um fast die Hälfte. Die Folgen sind Übergewicht und Bewegungsunlust. Deswegen ist es umso wichtiger, Alltagsbewegungen in den Tagesablauf einzubauen. Jeder Schritt zählt und leistet einen Beitrag zu mehr Gesundheit. Versuche also, dich täglich mehr zu bewegen als bisher. Anregungen dazu findest du ab Seite 48.

Du siehst also, wie schwierig es ist, Energieverbrauch und Energiezufuhr ins Gleichgewicht zu bringen, wenn du dich nicht bewusst ernährst und dich im Alltag nicht oder nur wenig bewegst. Suche eine Sportart, die dir Freude bereitet und die du ein Leben lang beibehalten kannst – entweder alleine oder in einem Verein. Für jeden Menschen gibt es eine körperliche Betätigung, die ihm Spaß macht und ihn motiviert.

STRESS IM ALLTAG BREMST UNS AUS

Oft sind es die Anforderungen des Alltags, die Dauerstress verursachen und wenig Zeit für andere Dinge lassen, wie gesunde Ernährung oder mehr Bewegung. Das musst du nur erkennen. Stressfaktoren und Zeiträuber lauern überall, und manchmal ist es nicht ganz einfach, diese zu entlarven. Manche sind aber auch offensichtlich, zum Beispiel die Zeit vor dem Fernseher oder Computer nur zum Zeitvertreib.

Wir Menschen sind leider von Natur aus etwas faul und bewegen uns nur ungern, vor allem, wenn jede Bewegung aufgrund von Übergewicht oder mangelnder Grundfitness zur Qual wird. Es ist leicht, Ausreden und Entschuldigungen dafür zu finden, sich weniger zu bewegen, als unbedingt nötig ist. Wer Stress im Alltag hat, findet in der Regel nur selten Zeit, auch noch sportlich aktiv zu sein.

Versuche, im Alltag weniger Zeit mit unwichtigen Dingen zu verbringen, und konzentriere dich mehr auf das Hier und Jetzt. Nimm dir öfters mal Zeit für dich und gib Aufgaben ab, die auch andere für dich erledigen können. Fange an, dich mehr mit dir zu beschäftigen, und höre in dich hinein, was dir guttut und was nicht. Meistens sind es mehrere Faktoren, die deinen Korper uberlasten und an seine Grenzen bringen. Häufig ist es ein Mix aus Stress, schlechter Ernährung, Zigaretten, Alkohol und zu wenig Bewegung. Treffen alle auf dich zu, so solltest du unbedingt handeln und die Weichen für eine gesündere und aktivere Zukunft stellen. Eine Detox-Kur ist dabei eine optimale Möglichkeit, mehr auf deinen Körper zu achten und unnötigen körperlichen und seelischen Ballast abzuwerfen.

30 MINUTEN BEWEGUNG

Das ist der durchschnittliche Kalorienverbrauch einer 80 kg schweren Person:

Radfahren:
25 km/Stunde – **410 kcal**

Laufen:
8,5 km/Stunde – **330 kcal**

Schwimmen:
350 kcal

Fitness-Traininig:
250 kcal

Fußball spielen:
340 kcal

Spazierengehen:
140 kcal

Gartenarbeit:
200 kcal

Büroarbeit:
20–30 kcal

Treppen steigen:
280 kcal

Heimwerken:
120 kcal

Quelle: NetDoktor, Deutsche Sporthochschule

Die Detox-
PHILOSOPHIE

> Für Gifte, die unseren Körper unbewusst belasten können, hat der Körper keine Verwendung, da es sich nicht um lebenswichtige Nährstoffe handelt.

WAS BEDEUTET DETOX?

Was heißt eigentlich Detox und woher kommt dieses Wort? Der Begriff „Detox" kommt aus der englischen Sprache von Detoxification, was soviel wie Entgiftung bedeutet. In Bezug auf die Ernährung und den Organismus bedeutet das, dass „Gift" aus dem Körper ausgeführt wird.

Landläufig spricht man immer wieder von „Schlacken oder Giften", denen man tagtäglich bewusst oder unbewusst ausgesetzt ist. Gifte, die du bewusst durch deinen Lebensstil aufnimmst, sind zum Beispiel Alkohol, Nikotin oder chemische Zusätze in Lebensmitteln, die die meisten von uns jeden Tag konsumieren. Gifte, die unseren Körper unbewusst belasten können, sind beispielsweise Autoabgase oder berufsbedingte Stoffe. Für alle genannten „Gifte" hat der menschliche Organismus keine Verwendung, da es sich weder um lebenswichtige Makronährstoffe wie Eiweiß, Fett und Kohlenhydrate noch um Mikronährstoffe wie Vitamine, Mineralstoffe oder Spurenelemente handelt.

In der Wissenschaft spricht man von einer toxischen Wirkung, sobald ein festgelegter individueller Grenzwert überschritten wird. Das bedeutet, der Körper kann dann die Giftmenge nicht mehr ohne Symptome tolerieren. Bestes Beispiel dafür ist Alkohol, bei dem man durch Überschreiten einer bestimmten Menge erste Anzeichen wahrnimmt, die fast jeder schon einmal erlebt hat. Grund dafür ist, dass die Leber den Alkohol nicht so schnell abbaut, wie er aufgenommen wird.

DIE LEBER ENTLASTEN

Lassen sich sogenannte „Schlacken oder Gifte" aus dem menschlichen Körper ausführen? Normalerweise werden sie hauptsächlich von der Leber abgebaut und über die Nieren ohne jegliches Zutun von außen automatisch über den Urin oder den Stuhl aus dem Körper befördert. Da die Leber dem Körper unter anderem als Vitaminspeicher dient, ist es wichtig, das Organ nicht mit „Giftstoffen" zu überlasten. Sonst werden die Vitamine nicht ausreichend gespeichert.

Grundlage der Detox-Philosophie ist eine Ernährung, bei der so wenig chemische Zusatzstoffe wie möglich zum Einsatz kommen. Eine Detox-Saftkur kann beispielsweise den Prozess einer sogenannten Entschlackung beschleunigen und die Organe, vor allem aber die Leber, dabei unterstützen bzw. entlasten. Detox-Saftkuren oder auch Fastenkuren gibt es in verschiedenen Varianten.

DER KÖRPER LEISTET TÄGLICH SCHWERSTARBEIT

Angefangen vom mechanischen Zerkleinern der Nahrung im Mund bis hin zum Ausscheiden der unverdaulichen Nahrungsbestandteile läuft der Stoffwechsel auf Hochtouren. Das nimmst du subjektiv nicht wahr, es wird völlig unwillkürlich gesteuert. Kommen zusätzlich noch Stoffe hinzu, die der Körper nur schwer verwerten kann, braucht er für deren Abbau noch mehr Energie, die dir dann im Alltag fehlt. Deine Verdauungs- und Entgiftungsorgane müssen täglich Höchstleistungen vollbringen und benötigen viel Energie, die an anderer Stelle fehlt. Die Leber, das größte Entgiftungsorgan, filtert Stoffe, mit denen dein Körper nichts anfangen kann.

Um deine „Entgiftungsorgane" hin und wieder zu entlasten, bietet sich eine Detox-Kur geradezu an. Während einer Detox-Kur stellt sich für viele Menschen ein neues und unbekanntes Lebensgefühl ein. Den Körper zu entgiften kann sowohl körperlich als auch seelisch eine wunderbare Erfahrung sein, die ich dir wärmstens ans Herz legen möchte. Und danach lohnt sich eine Umstellung des Lebensstils mit einer gesunden Ernährung und mehr Bewegung, so wie es das „Clean-Eating-Konzept" vorgibt. Bei diesem Konzept werden in erster Linie natürliche, frische und industriell unverarbeitete Lebensmittel empfohlen. Diese garantieren dir einen hohen Nährstoffgehalt. Und du wirst mit allem versorgt, was dein Körper braucht. Rezepte dazu findest du ebenso in diesem Buch wie auch die Säfte zur Detox-Kur.

DER DARM SCHLÄGT SOFORT ALARM

Die Nährstoffaufnahme findet hauptsächlich über den Darm statt. Entzündungen oder Reizungen verhindern oft die Aufnahme lebenswichtiger Vitalstoffe. Daher spielt in der Detox-Philosophie der Darm eine entscheidende Rolle, denn dort spürst du es in der Regel zuerst, wenn dein Körper empfindlich auf ein Nahrungsmittel reagiert.

Woher Entzündungen kommen, ist individuell sehr verschieden und kann nie verallgemeinert werden. Es gibt viele Nahrungsmittel, die unter Verdacht stehen, Allergien oder zumindest Nahrungsmittelunverträglichkeiten auszulösen. Diese potenziellen Verursacher werden nach der Detox-Philosophie auf ein Minimum reduziert, dadurch verbessert sich das körperliche Wohlbefinden deutlich.

DIE ERNÄHRUNG NACH DER DETOX-PHILOSOPHIE

Eine Saftkur (siehe S. 40) zu Beginn einer Ernährungsumstellung ist ein wichtiger Baustein oder sogar der Startschuss für das Ziel „Power up your life". Am besten machst du die Kur zwei- bis dreimal pro Jahr. Eine gesunde Ernährung ist jedoch dein tagtägliches „Detox-Programm" und die wichtigste Komponente, die es umzusetzen gilt.

Die Ernährung sollte einen hohen Anteil an pflanzlichen Lebensmitteln haben. Auch qualitativ hochwertiges Fleisch kann ohne Bedenken ein- bis zweimal pro Woche konsumiert werden. Eine nährstoffreiche Ernährung bringt deinen Körper sowohl physisch als auch mental ins Gleichgewicht und macht dich glücklich.

Den Körper zu entgiften kann sowohl körperlich als auch seelisch eine wunderbare Erfahrung sein, die ich dir wärmstens ans Herz legen möchte.

Pflanzliche Lebensmittel liefern dir bis auf Vitamin B_{12} alle Vitamine, Mineral-stoffe und Spurenelemente, die du benötigst, um gesund und leistungsfähig zu bleiben. Das Vitamin B_{12} kommt nur in tierischen Lebensmitteln vor (siehe Tabelle) und ist für die Bildung von roten Blutkörperchen zuständig und für den Fettstoffwechsel mit verantwortlich.

LEBENSMITTEL	MIKROGRAMM PRO 100 G
SEELACHS	3,5
ROTBARSCH	3,8
HERING	8,3
MAKRELE	9
RINDFLEISCH	5
FRISCHKÄSE, KÖRNIG	2
HÜHNEREI	1,9
EMMENTALER KÄSE	3,1

Wenngleich die Detox-Philosophie nicht alle tierischen Produkte ausschließt, sollten wir insbesondere unseren Fleischkonsum kritisch betrachten und hinterfragen. Gewinner der Massentierhaltung sind weder Mensch noch Tier, sondern einzig und allein die fleischproduzierenden Betriebe.

Milchprodukte sollten nicht im Übermaß konsumiert werden. Selbst kom-plett darauf zu verzichten, ist gesundheitlich unbedenklich. Ich empfehle den Konsum zu reduzieren. Das Argument, Milchprodukte seien wichtige Kalziumlieferanten zum Schutz vor Osteoporose, stelle ich infrage, denn gerade Bevölkerungsgruppen mit einem hohen Milchkonsum sind laut Studien von Knochenabbau betroffen. Vor allem grünes Gemüse liefert genauso viel oder sogar mehr Kalzium als Milchprodukte. 100 Gramm Grünkohl enthält zum Beispiel fast doppelt so viel Kalzium wie Kuhmilch.

WASSER ALS LEBENSELIXIER

Der menschliche Körper besteht zu 60 bis 70 Prozent aus Wasser, das zeigt dir, wie wichtig es ist, im Alltag immer ausreichend zu trinken. Denn Wasser übernimmt im Körper vielfältige Aufgaben, es ist unter anderem Lösungs- und Transportmittel für Nährstoffe und Stoffwechselendprodukte. Pro Tag verliert ein erwachsener Mensch ungefähr 2,5 Liter Wasser über Harn, Haut, Lunge und Stuhl. Gerade deswegen spielt Wasser eine so wichtige Rolle in der Detox-Philosophie.

Ich empfehle dir, den Wasserverlust durch kalorienfreie Getränke auszuglei-chen, zum Beispiel durch frisches Quellwasser und Kräutertee. Mineral-wasser und Saftschorlen können zur Deckung des Mineralstoffbedarfs bei-tragen. Ich möchte jedoch betonen, dass man durch den Genuss von Obst und Gemüse deutlich mehr Nährstoffe bei weniger Kalorien aufnimmt als mit diversen Fruchtsäften.

Diese Vitalstoffe sind an vielen Stoffwechselprozessen beteiligt und halten uns gesund:

Vitamine: Sie werden als Wirkstoffe benötigt, die der Körper selbst nicht oder nur ungenügend herstellen kann. Es gibt fettlösliche und wasserlösliche Vitamine.

Mineralstoffe: Das sind chemische Elemente, sie wirken als Bau- und Regler-substanzen im mensch-lichen Körper.

Spurenelemente: Sie gehören auch zu den Mineralstoffen, kommen aber in deutlich geringerer Konzentration vor.

Gesund essen, ausreichend schlafen und Bewegung sind das A und O.

1. **Nimm die Treppe!** Versuche Bewegung in deinen Alltag einzubauen. Gehe beispielsweise zu Fuß zur Arbeit, fahre mit dem Fahrrad oder besuche ein Fitness-Studio. Der Körper ist für Bewegung geschaffen, gib ihm die Möglichkeit dazu!

2. **Atme!** Mit Stress auf die richtige Weise umgehen zu lernen, kann der Schlüssel zu einem glücklicheren, gesünderen Leben sein. Lerne die körpereigenen Signale zu deuten, damit du nicht im Stresskarussell landest.

3. **Triff dich mit Freunden!** Soziale Kontakte beeinflussen uns stärker, als wir möglicherweise denken. Zeit mit Freunden und Familie zu verbringen, steigert das Wohlbefinden und macht das Leben besonders lebenswert.

4. **Lust auf eine Kaffeepause?** Dann iss Obst statt Kuchen und Schokolade! Versuche, die unnötigen Kalorienfallen zu finden, und streiche sie von deiner Speisekarte.

5. **Gehe schlafen!** Vergiss nicht, wie wichtig Schlaf ist. Während des Schlafs werden jede Menge Hormone produziert. Der Körper erholt sich, das Immunsystem wird gestärkt und das Gehirn verarbeitet deine Erlebnisse.

HÖRE AUF DEINEN KÖRPER!

Gerade während einer Detox-Saftkur wirst du merken, wie es ist, wieder mehr auf den eigenen Körper zu achten. Die Wahrnehmung verändert sich in den Tagen der Kur komplett und Umwelteinflüsse nimmst du anders wahr. Du lernst auf deinen eigenen Körper zu hören. Du wirst erkennen, wofür Nahrung eigentlich da ist und welche Bedeutung sie hat. Denn wir leben nicht, um zu essen, sondern wir essen, um zu leben. Achte auf die Signale deines Körpers. Eine schlechte Verdauung oder ein Völlegefühl zum Beispiel ist nicht normal und zeigt dir, dass dein Körper mit irgendetwas in deiner Ernährung nicht klarkommt. Ignoriere diese Zeichen nicht.

Sich für gesunde Ernährung Zeit zu nehmen, was in unserem schnelllebigen und hektischen Alltag meistens zu kurz kommt, ist ein wichtiger Aspekt der Detox-Philosophie. Mit einer Saftkur und einer daran anschließenden Ernährungsumstellung findest du wieder die Balance zwischen einer gesunden Lebensweise sowie dem Genuss und Selbstgefallen.

BEWEGUNG GEHÖRT LEBENSLANG DAZU

Ein weiterer wichtiger Bestandteil der Detox-Philosophie ist die regelmäßige Bewegung im Alltag und das Training deiner Muskeln. Wie wichtig ein starkes Muskelkorsett ist, kann ich gar nicht oft genug betonen und die Menschen immer wieder dazu ermutigen, ihr größtes Organ ein Leben lang zu fördern und trainieren.

Muskeln schützen deine Gelenke und sind das Organ des Stoffwechsels. Wenn du sie nicht regelmäßig trainierst, verlierst du wertvolle Muskelmasse. Dadurch verringert sich dein Kalorienverbrauch im Ruhezustand und du wirst schnell das eine oder andere Fettpölsterchen ansetzen bei gleicher Kalorienzufuhr wie bisher. Dein Grundumsatz wird maßgeblich durch den Muskelanteil im Körper beeinflusst. Stell dir die Muskeln wie einen Ofen vor, denn die Fettsäuren werden zu den Muskeln transportiert und stehen dort als Energielieferant zur Verfügung. Durch Ausdauertraining wird dieser Fettsäurentransport optimiert. Mit einem Ausdauer- und Krafttraining kurbelst du so die Fettverbrennung an.

Krafttraining ist dafür ideal und in jedem Alter möglich, und es kann auf kleinstem Raum durchgeführt werden. Du benötigst nicht mal ein Fitness-Studio oder teure Geräte für zu Hause. Oft reicht das eigene Körpergewicht oder ein Gummiband zum Kräftigen deiner Muskeln. Durch einseitige Alltagsbelastungen und falsches Training entstehen allerdings Probleme, die zu chronischen Schmerzen führen können. Fast jeder zweite Erwachsene in Deutschland hat dauerhaft oder wiederkehrende Rückenschmerzen. Regelmäßige und leichte Kräftigung der Muskeln mit Dehnübungen reichen schon aus, um Schmerzen vorzubeugen und die Wirbelsäule zu schützen. Vor allem Menschen, die viel sitzen, sind häufig von Bandscheibenproblemen geplagt, die nicht selten in einem Bandscheibenvorfall enden und langwierige Reha-Maßnahmen nach sich ziehen. Mit welchen Übungen du schon im Vorfeld etwas dagegen tun kannst, das erfährst du im Kapitel „Bewegung gehört dazu" ab Seite 48.

Eine Detox-Kur
ZUM EINSTIEG

POSITIVE EFFEKTE

Eine Detox-Kur und Clean-Eating-Ernährung bewirken:

\# gesteigerte Körperwahrnehmung

\# Stressreduktion

\# Gewichtsabnahme

\# schöne Haut, Haare und Nägel

\# erholsamen Schlaf

\# bessere Verdauung

\# Aktivierung des Stoffwechsels

\# hohes Energielevel und
deutlich mehr Motivation

ALTE RITUALE ABLEGEN

Bei einer Detox-Kur geht es um das Ändern von Gewohnheiten, die unserer Gesundheit nicht so zuträglich sind. In der Regel sind es lieb gewonnene Rituale, die dich im Alltag begleiten und es dir schwer machen, etwas an deiner Situation zu ändern. Deine Entscheidung für diese Kur ist der Anfang für eine grundlegende Lebensstiländerung.

Die Erfahrung einer Detox-Kur zu machen, kann befreiend sein und dich aus deinen alltäglichen Gewohnheiten lösen. Eine Detox-Kur nur mit Säften ist meiner Meinung nach der optimale Einstieg in eine langfristig gesunde Ernährung. Je nachdem, wie lange du die Kur durchführst, wirst du sehr verschiedene Effekte wahrnehmen.

Wichtig ist, dass du dich komplett auf die Saftkur einlässt und nicht gleich nach den ersten beiden Tagen das Handtuch wirfst. Eine Gewohnheit, die stark in uns verankert ist, ist der Hauptgrund dafür, dass wir es nicht schaffen, neue Gewohnheiten als einen Istzustand zu akzeptieren.

Eine Detox-Kur ist im Prinzip nur eine Initialzündung. Wichtig ist, was danach kommt. In alte Ernährungsgewohnheiten wieder zurückzufallen, hat auf lange Sicht nicht nur negative Folgen für deinen Körper, sondern auch emotionale. Denn wer gesteht sich schon gerne ein, dass er wenig Ehrgeiz und einen schwachen Willen hat, wenn wieder alles beim Alten ist.

SINN EINER DETOX-KUR

Befreie Körper und Geist von unnötigem Ballast

Unser Körper ist ein Wunder der Natur und sehr widerstandsfähig, trotzdem ist eine Reinigung von Zeit zu Zeit sinnvoll. Der Alltag ist stressig und voller Hektik. Sich um den eigenen Körper und die Gesundheit zu kümmern, kommt daher meistens viel zu kurz. Da ist eine Detox-Kur die optimale Gelegenheit, unnötigen Ballast abzuwerfen. Versuche, während der Detox-Kur auch andere Einflüsse von außen zu reduzieren. Viele Termine oder Stress im Beruf solltest du unbedingt vermeiden, um dich so gut es geht auf die Detox-Kur konzentrieren zu können.

Fange an zu genießen

Der Sinn einer Detox-Kur kann das Genießen sein, lerne es einfach wieder. Wie soll man genießen, wenn man von allem zu viel hat. Besinne dich während der Saftkur auch auf die wahren Werte. Das ständige Überangebot an Nahrung, die uneingeschränkte Verfügbarkeit von Lebensmitteln, Zucker, Alkohol, Fett und Zigaretten – die Liste ließe sich endlos fortführen – macht uns nicht glücklicher und zufriedener, sondern versetzt uns in eine Spirale des andauernden Konsums. Wenn du einmal auf ständigen Konsum verzichtest und das eine gewisse Zeit aushältst, gibt dir diese Erfahrung unheimlich viel Kraft für eine nachhaltige Lebensstiländerung.

Phasenweise mit weniger Kalorien auszukommen war und ist für uns Menschen völlig normal, denn auch früher standen uns jahreszeitenbedingt nicht immer gleich viele Nahrungsmittel zur Verfügung.

Du wirst dich im Laufe einer Detox-Kur unheimlich frei fühlen, frei von Bedürfnissen, die dich sonst im Alltag viel zu sehr beherrschen. Alte Gewohnheiten abzulegen ist der Schlüssel dafür, neue Erfahrungen zu machen und die Komfortzone zu verlassen.

Reinigung von innen

Deine Leber zu entlasten und deinen Darm wieder aufnahmefähig für Nährstoffe zu machen ist ein Prozess, der viel zu selten geschieht. Mit einer Saftkur passiert genau das und du wirst dich danach fantastisch fühlen. Allein dieses Gefühl ist es schon wert, eine Saftkur durchzuführen. Deine Körperzellen werden es dir danken, wenn sie wieder mit Nährstoffen gut versorgt werden, nachdem sie zuvor zu wenig davon abbekommen haben.

REAKTION DES KÖRPERS

Das passiert während einer Saftkur:

Gehirn: Am Anfang versetzen Hormone den Körper in Alarmbereitschaft. Nach zwei bis drei Tagen fühlen wir uns jedoch glücklich und zufrieden.

Darm: Die Darmflora erholt sich und Entzündungen heilen ab. Die Nährstoffaufnahme verbessert sich und man fühlt sich fitter und leichter.

Leber: Fettsäuren werden in sogenannte Ketonkörper umgewandelt und versorgen den Körper mit Energie.

Fettgewebe: Der Transport von Fettsäuren aus dem Fettgewebe wird angeregt, und es wird hauptsächlich Fett „verbrannt".

Muskelgewebe: Die Insulinsensitivität der Muskelzellen erhöht sich und der Blutzucker stabilisiert sich.

WIE UND WANN STARTEN?

Das Wann spielt im Prinzip keine Rolle. Trotzdem ist es von Vorteil, wenn du dir im Jahr gewisse Ankerpunkte setzt. Das Frühjahr ist zum Beispiel ein idealer Zeitpunkt. Die Tage werden länger und durch die Sonneneinstrahlung wird vermehrt das „Gute-Laune-Hormon" Vitamin D produziert. Oder wenn du das Gefühl hast, dass die letzten Wochen und Monate nicht besonders gut gelaufen sind und es dringend nötig ist, den „Reset-Knopf" zu drücken. Auch dann kannst du mit einer Detox-Kur den Startschuss für eine gesündere und bewusstere Lebensweise geben.

TUE ES EINFACH!

Wie du anfängst, ist eigentlich ganz einfach. Schiebe dein Vorhaben aber nicht vor dir her, um auf den richtigen Zeitpunkt zu warten, denn den gibt es nicht. Sondern fang einfach an, indem du dieses Buch bis zum Schluss liest und dir dann die Zutaten für ein ausgewähltes Rezept kaufst. Entschließt du dich zu entsaften, dann kaufe dir einen Entsafter und lege los.

DIE 3 DETOX-VORTEILE

1 Entlastung des Darms
Sobald du dich nach der Detox-Philosophie ernährst, verschwinden nach ein bis zwei Tagen ernährungsbedingte Reizungen oder Entzündungen der Darmschleimhaut.

2 Aufnahme der Nährstoffe
Sofern keine Krankheit des Verdauungstraktes vorliegt, erholt sich deine Darmschleimhaut und ist sensibel für eine erhöhte Aufnahme von Vitaminen und Mineralstoffen. Du fühlst dich fit, gesund und leicht.

3 Erhöhte Zufuhr von Vitaminen & Mineralstoffen
Dein Körper wird mit Vitalstoffen geflutet, sowohl durch die Detox-Saftkur als auch durch die pflanzlichen und frischen Lebensmittel.

Gesunde ausgewogene
ERNÄHRUNG

Bei einer Ernährung nach der Detox-Philosophie brauchst du keine Kalorien zu zählen. Dein Körper signalisiert dir, wann du etwas essen musst.

FRISCHE, NATÜRLICHE ZUTATEN

Ganz egal, ob du vegan, vegetarisch, Low Carb oder Low Fat genießt – oberste Priorität haben immer pflanzliche, frische und natürliche Zutaten. Denn ein industriell verarbeitetes Produkt hat deutlich weniger Nährstoffe, zu viele Kalorien und überflüssige Zusatzstoffe. Bei einer Ernährung nach der Detox-Philosophie brauchst du keine Kalorien zu zählen. Dein Körper signalisiert dir, wann du etwas essen musst. Denn wir verfügen über ein angeborenes Hunger-Sättigungs-Regulationssystem. Wenn wir uns ohne Zusatzstoffe wie Geschmacksverstärker, Konservierungsmittel und künstliche Süßstoffe ernähren, funktioniert dieses System wunderbar. Doch leider sieht die Realität anders aus. Im Labor hergestellte Stoffe schädigen bei dauerhaftem Konsum unseren Körper oder führen zumindest indirekt zu einer Gewichtszunahme, die Folgekrankheiten begünstigt.

Vitamine, Mineralstoffe und Spurenelemente sind essenziell und müssen unter anderem tagtäglich mit der Nahrung aufgenommen werden. Diese Vitalstoffe sind Voraussetzung für eine lebenslange Gesundheit. Besonders grünes Gemüse ist sehr vitalstoffreich und enthält viele alkalische Mineralstoffe, unter anderem Kalzium. Zusätzlich zu grünem Gemüse sollte es möglichst bunt auf deinem Teller sein. Ab Seite 30 findest du geeignete „Lebensmittel" und erfährst, wann sie Saison haben.

DIE BÖSEN KOHLENHYDRATE?

Ganz im Gegenteil! Kohlenhydrate allein für eine Gewichtszunahme verantwortlich zu machen, ist nicht richtig. Es kommt immer darauf an, in welcher Form und Menge sie verzehrt werden. Vor allem die Menge spielt eine wichtige Rolle.

Stärkehaltige Kohlenhydratquellen wie Nudeln, Reis und Brot versorgen dich bei relativ kleinem Volumen mit vielen Kalorien. Im Gegensatz dazu hat Gemüse, bedingt durch den hohen Wassergehalt, ein großes Volumen, aber deutlich weniger Kalorien. Da sollte dir eigentlich klar sein, dass der Fokus bei einer angestrebten Gewichtsreduktion auf knackigem Salat und frischem Gemüse liegen sollte.

Außerdem ist der Blutzuckeranstieg bei stärkehaltigen Lebensmitteln wesentlich höher als bei Gemüse. Das zieht verschiedene Hormonreaktionen nach sich, die eine Gewichtszunahme begünstigen können.

Der Grad der Verarbeitung eines Nahrungsmittels spielt eine wichtige Rolle. In Deutschland sind Brot und Nudeln Grundnahrungsmittel und werden in großen Mengen konsumiert. Diese Produkte sind industriell stark verarbeitet und haben dadurch einen niedrigen Nährstoffgehalt. Außerdem liegen sie schwer im Magen und brauchen, bis sie verdaut sind, wesentlich länger als natürliche Lebensmittel.

Ich gehe sogar so weit und sage, dass es sich um tote Nahrungsmittel handelt. Sie enthalten kaum Ballaststoffe und rauben dir mehr Energie, als dass sie dir welche liefern. Zudem ist deren Ausgangsprodukt meistens Weizen, der im Verdacht steht, Entzündungen zu fördern und Allergien auszulösen. Manche Menschen reagieren sehr empfindlich auf das Klebereiweiß Gluten, das in Getreideprodukten vorkommt.

Wähle Lebensmittel mit einem hohen Ballaststoffgehalt. Sie sorgen für eine anhaltende Sättigung und halten den Blutzucker konstant.

FRISCHES OBST

Frisches Obst gehört zwar auch zu den Kohlenhydratspendern, hat aber durch den höheren Wasseranteil eine geringere Energiedichte. Zudem ist es natürlich und voller Vitamine, Mineralstoffe und Antioxidantien, die unsere Zellen schützen. Obst versorgt dich schnell mit Energie und ist die beste Alternative, wenn du einmal Lust auf etwas Süßes hast. Enzyme im Obst sorgen für eine optimale Verwertung aller Vitamine und Mineralstoffe.

Du kannst Früchte auch hervorragend zum Süßen von Speisen verwenden und so nach und nach den weißen Industriezucker in deiner Ernährung ersetzen. Von heimischen Beerenfrüchten, zum Beispiel Blau- oder Heidelbeeren, Erdbeeren oder Himbeeren, kannst du im Prinzip nie zu viel essen. Sie sind zum Frühstück oder als Snack zwischendurch eine tolle Wahl.

Verwende vorzugsweise heimisches und saisonales Obst. Die Obstsorten hierzulande haben in der Regel weniger Zucker, was gerade in einer Phase der Gewichtsreduktion vorteilhaft ist. Wer unter einer Fruktoseintoleranz leidet, sollte Obst mit Bedacht auswählen und herausfinden, welche Sorten kaum Probleme bereiten. Im Winter kannst du zur Not auch mal auf Tiefkühlobst oder -beeren zurückgreifen. Durch das Schockfrosten bleiben Vitamine und Mineralstoffe weitgehend erhalten.

HEIMISCHES DETOX-OBST

Genieße täglich ein bis zwei Portionen Obst und sorge dabei für Abwechslung.

___

Äpfel

Aprikosen

Blaubeeren

Birnen

Brombeeren

Erdbeeren

Himbeeren

Johannisbeeren

Kirschen

Pfirsiche

Pflaumen

Stachelbeeren

Alternativen zu üblichen Getreidearten sind:

Amarant

Buchweizen

Hirse

Quinoa

GETREIDE UND PSEUDOGETREIDE

Alternativen zu Brot und Nudeln aus Weizenmehl gibt es genügend. Als sogenannte warme Sättigungsbeilage bieten sich zum Beispiel Hirse, Buchweizen, Amarant oder Quinoa an. Auch brauner Reis ist eine Option und die Süßkartoffel erfreut sich mittlerweile auch bei uns großer Beliebtheit. Rezepte dazu gibt es im Rezeptteil dieses Buches.

In gut sortierten Bio-Läden findest du Mehl aus den oben genannten Pseudogetreidearten. Damit kannst du Brot selber backen, dann weißt du auch, welche Zutaten verwendet wurden. Da Brot aber in der Regel nur Unterlage für Wurst, Käse oder Marmelade ist und diese Beläge in der Detox-Philosophie keine Rolle spielen, wirst du davon in Zukunft nicht mehr viel benötigen. Favorisiere die links genannten Getreidearten.

WEITERE CLEANE ZUTATEN

DIESE NAHRUNGSMITTEL PASSEN AUCH ZUR DETOX-PHILOSOPHIE

Bohnen in allen Variationen

Brauner Reis, Naturreis (glutenfrei)

Erbsen

Grünkern

Haferflocken

Kichererbsen

Kürbis

Linsen

Süßkartoffeln (glutenfrei)

ALTERNATIVEN ZUM SÜSSEN

Da in der Detox-Philosophie Zucker, vor allem der versteckte Zucker in Fertigprodukten, stark reduziert wird, wirst du schnell merken, dass du weniger davon benötigst und sich deine sogenannte Zuckerabhängigkeit stark verringert. Ich empfehle dir, raffinierten Industriezucker komplett aus dem Speiseplan zu streichen. Auch künstliche Süßstoffe, zum Beispiel Aspartam oder Saccharin, sorgen immer wieder für kontroverse Diskussionen. Von daher: Finger weg davon!

Sollte dir die Süße von Früchten in Speisen nicht ausreichen, so hast du andere Möglichkeiten zum natürlichen Süßen. In meinen Rezepten verwende ich gerne Kokosblütensirup, der schonend hergestellt wird und viele wertvolle Inhaltsstoffe enthält. Er ist reich an Vitamin C und B-Vitaminen und enthält außerdem 17 Aminosäuren. Auch Ahornsirup, der Spurenelemente und Mineralstoffe enthält, ist ein guter Zuckerersatz. Bevorzuge Ahornsirup Grad A, der ist hochwertiger und enthält mehr Mineralstoffe. Wer Honig mag, kann gerne heimischen Bio-Honig verwenden. Mit getrockneten und klein geschnittenen Datteln oder Feigen kannst du ebenso ein wenig Süße in eine Speise bringen. Aber achte auch bei diesen Alternativen auf die Menge und übertreibe es nicht.

DAS RICHTIGE FETT

Nach der Detox-Philosophie ist auch Fett ein wesentlicher Bestandteil deiner Ernährung. Die Vitamine A, D, E und K sind fettlöslich und werden im Körper nur dann aufgenommen, wenn ausreichend Fett vorhanden ist. Fett ist einerseits Energielieferant, andererseits Baustein unserer Zellen und hat eine stark antioxidative, also zellschützende, Wirkung. Außerdem ist es eine wichtige Vorstufe für die Hormonbildung im Körper. Fett versorgt uns mit lebensnotwendigen Fettsäuren. Man unterscheidet gesättigte, einfach ungesättigte und mehrfach ungesättigte Fettsäuren. Zu den mehrfach ungesättigten Fettsäuren gehören die Omega-6- und die Omega-3-Fettsäuren. Generell kann man sagen, dass die Omega-6-Fettsäure Entzündungen und somit die Gefahr von Krankheiten eher fördert. Und die Omega-3-Fettsäure diesen Entzündungen entgegenwirkt und Krankheiten gar nicht erst entstehen lässt. Die mehrfach ungesättigte Fettsäure Omega-3 fördert in hohem Maße die Zellerneuerung und sorgt für ein besseres Hautbild.

Damit sich dieses Verhältnis im Gleichgewicht befindet, solltest du auf jeden Fall bewusst Lebensmittel reduzieren, die reich an Omega-6-Fettsäuren sind oder ein schlechtes Verhältnis von Omega-6 zu Omega-3 aufweisen. Die Ernährung in der westlichen Welt enthält zu viele Omega-6-Fettsäuren und zu wenig Omega-3-Fettsäuren. Aus den folgenden Tabellen geht hervor, welche Fette günstig sind.

OMEGA-6- UND OMEGA-3-FETTSÄUREN

DIESE LIEFERANTEN VON OMEGA-6-FETTSÄUREN REDUZIEREN

# Kekse, Backwaren und Brot	# Sojaöl
# Maiskeimöl	# Sonnenblumenöl
# rotes Fleisch	# Traubenkernöl

DIESE LIEFERANTEN VON OMEGA-3-FETTSÄUREN ERHÖHEN

# Hanföl	# Makrele
# Leinöl (nativ)	# Hering
# Wildlachs	# Chiasamen

EMPFEHLENSWERTE ÖLE UND FETTE

# Avocadoöl (nativ)	# Macadamiaöl
# Bio-Kokosöl (nativ)	# Olivenöl (nativ)
# Butter (Ghee)	# Rapsöl (nativ)

Wichtig:
Die Fettmenge reduzieren und die Fettsäuren richtig kombinieren!

Gesättigte Fettsäuren:
Tierische Lebensmittel, vor allem Fleisch und Milchprodukte, sind die bekanntesten Lieferanten von gesättigten Fettsäuren. Auch Butter und Schmalz gehören dazu und sind in der Regel bei Zimmertemperatur hart. Eine Ausnahme ist das Kokosfett als pflanzlicher Vertreter.

Ungesättigte Fettsäuren:
Diese Art von Fettsäuren kommen in Samen und Nüssen, Avocados, Oliven oder auch Fisch vor. Ungesättigte Fettsäuren haben herz- und gefäßschützende Eigenschaften. Deshalb sollten pflanzliche Fette und Öle Vorrang haben. Je flüssiger ein Fett ist, desto höher ist der Gehalt an ungesättigten Fettsäuren.

Transfette:
Nicht jede Art von Fett ist gesund. Zu den ungesunden gehören vor allem die Transfettsäuren. Durch industrielle Behandlung wurde eine eigentlich gesunde Fettsäure in eine gesundheitsschädliche Fettsäure umgewandelt.

#Tipp

Achte beim Zubereiten eines Salatdressings auf die Ölmenge. Nimm zum Dosieren am besten einen Esslöffel. In der Regel reichen ein bis zwei Esslöffel Öl aus. Bedenke: Bereits drei Esslöffel Öl haben schon um die 270 Kilokalorien. Verwende zum Braten bei hohen Temperaturen möglichst Kokosöl oder Butter (Ghee), da diese Fette hitzebeständig sind.

PROTEIN FÜR HAUT, HAARE, NÄGEL UND MUSKULATUR

Obwohl es sich bei der Detox-Philosophie nicht ausschließlich um ein veganes oder vegetarisches Ernährungskonzept handelt, lege ich sehr viel Wert auf pflanzliches Eiweiß, das spiegelt sich auch bei der Auswahl der Rezepte wider. Pflanzliche Nahrungsmittel enthalten alle Aminosäuren, die der Körper benötigt, um körpereigenes Eiweiß herzustellen. Auch zum Aufbau unserer Muskeln halten Pflanzen alles bereit.

Es kommt also nicht nur auf die Menge an, sondern auf die Qualität und die Verfügbarkeit aller Aminosäuren. Sind sie in ausreichendem Maße vorhanden, sorgen sie für den Schutz der Muskelzellen und erhöhen den Grundumsatz.

Aminosäuren

Aminosäuren sind Proteinbausteine (Protein wird auch Eiweiß genannt). Es gibt 23 verschiedene Aminosäuren, 14 davon kann unser Körper selber herstellen, 9 sind essenziell, das heißt, sie müssen mit der Nahrung zugeführt werden.

Insbesondere grünes Gemüse zeichnet sich durch einen hohen Gehalt an essenziellen Aminosäuren aus. Was den Proteingehalt prozentual betrifft, stehen diese Gemüsesorten Fleisch oder Milchprodukten kaum nach oder übertreffen deren Gehalt sogar noch. In der Tabelle ist eine Auflistung von Gemüse, das reich an essenziellen Aminosäuren ist.

#Tipp

Eine natürliche Ernährung mit frischen, pflanzlichen Zutaten kombiniert mit hochwertigen tierischen Produkten versorgt dich optimal mit Protein. Um deinem Körper das Verwerten der Aminosäuren, also der Eiweißbausteine, zu erleichtern und sie effektiv in körpereigenes Eiweiß zu verwandeln, bietet es sich an, pflanzliches und tierisches Protein in einer Mahlzeit zu kombinieren. Ein einfaches Beispiel ist der Klassiker Kartoffel mit Ei und frischem Spinat.

PFLANZLICHE NAHRUNGSMITTEL

MIT ALLEN ESSENZIELLEN AMINOSÄUREN

# Brokkoli	# Spargel
# Grünkohl	# Spinat
# Kohlgemüse	# Sprossen
# Nüsse und Samen	

Detox-Lebensmittel
EINE AUSWAHL

#Tipp

Schneide dir zum Frühstück oder für einen Snack zwischendurch frische Früchte klein und vermische sie mit Joghurt, Kefir oder Quark, statt fertiges Fruchtjoghurt mit künstlichen Aromen und raffiniertem Zucker zu kaufen.

Zur nachhaltigen Verbesserung deiner Gesundheit gehören frische und pflanzliche Produkte. Im Folgenden sind die wichtigsten Lebensmittel, die bisher noch nicht erwähnt wurden, aufgelistet. Sie gehören regelmäßig in deinen Einkaufskorb. Achte beim Einkauf auf saisonale Obst- und Gemüsesorten, denn sie enthalten mehr Vitamine und Mineralstoffe und schmecken wesentlich besser als außerhalb der Saison.

In den Wintermonaten ist die Auswahl in Deutschland begrenzt. So ist es nicht immer einfach, den Speiseplan mit frischen Früchten aus dem heimischen Anbau abwechslungsreich zu gestalten. Trotzdem gibt es auch in dieser Zeit genug Alternativen. In den folgenden Tabellen werden die Monate aufgeführt, in denen es Obst und Gemüse hauptsächlich aus dem Anbau in Deutschland gibt. Natürlich bekommt man auch in den anderen Monaten diese Obst- und Gemüsesorten, doch dabei handelt es sich überwiegend um Importe.

FRÜCHTE

Früchte lassen sich vielseitig verwenden und geben Speisen eine natürliche Süße. Durch den hohen Wassergehalt sättigen sie gut und sind leicht verdaulich. Sie sind vollgepackt mit Vitaminen und Mineralstoffen.

OBST DER SAISON

Äpfel (August bis Oktober)

Aprikosen (Juni bis Juli)

Bananen (ganzes Jahr)

Birnen (September bis Februar)

Blaubeeren (Juli bis August)

Brombeeren (Juni bis Oktober)

Erdbeeren (Mai bis August)

Feigen (August bis Oktober)

Granatapfel (September bis Dezember)

Grapefruit (ganzes Jahr)

Himbeeren (Juni bis August)

Johannisbeeren (Juni bis August)

Kirschen (August)

Limetten (ganzes Jahr)

Pflaumen (Juli bis September)

Zitronen (ganzes Jahr)

GEMÜSE

<mark>Gemüse ist die Basis der Ernährung nach der Detox-Philosophie und kann gar nicht oft genug gegessen werden.</mark> Vor allem grünes Gemüse liefert sehr viele Mineralstoffe und wenig Kalorien. Wer behauptet, Gemüse macht nicht satt, sollte einfach mehr davon essen.

GEMÜSE DER SAISON

- # **Auberginen** (Juni bis September)
- # **Avocado** (ganzes Jahr, vorzugsweise im Herbst)
- # **Blumenkohl** (Mai bis September)
- # **Bohnen/Erbsen** (Juli bis September)
- # **Brokkoli** (Juni bis Oktober)
- # **Champignons** (ganzes Jahr)
- # **Fenchel** (Juni bis Oktober)
- # **Gurken** (Mai bis September)
- # **Grünkohl** (November bis Februar)
- # **Ingwer** (ganzes Jahr)
- # **Möhren** (Juli bis Januar)
- # **Knoblauch** (ganzes Jahr)
- # **Kohlrabi** (Mai bis Oktober)
- # **Kopfsalat** (Mai bis Oktober)
- # **Kräuter** (ganzes Jahr)
- # **Kürbis** (September bis Dezember)
- # **Paprikaschoten** (April bis Oktober)
- # **Pastinaken** (September bis März)
- # **Peperoni/Chili** (ganzes Jahr)
- # **Petersilienwurzeln** (ganzes Jahr)
- # **Radieschen** (April bis Oktober)
- # **Rosenkohl** (Oktober bis Januar)
- # **Rote Bete** (September bis April)
- # **Rucola** (Mai bis Oktober)
- # **Staudensellerie** (Juni bis Oktober)
- # **Spargel** (April bis Juni)
- # **Spinat** (April bis Oktober)
- # **Spitzkohl** (Mai bis Dezember)
- # **Sprossen** (ganzes Jahr)
- # **Süßkartoffeln** (ganzes Jahr)
- # **Tomaten** (Mai bis Oktober)
- # **Zucchini** (ganzes Jahr)
- # **Zwiebeln** (ganzes Jahr)

#Tipp

Gemüse schmeckt immer: als Salat, gedünstet, gedämpft, gefüllt oder mariniert. Und wenn du wenig Zeit hast, schneidest du dein Lieblingsgemüse einfach in dünne Stifte oder mundgerechte Stücke und rührst dir zum Dippen einen selbst gemachten Kräuterquark an.

HÜLSENFRÜCHTE

Hülsenfrüchte sind eine gute pflanzliche Eiweißquelle und lassen sich hervorragend zu wohlschmeckenden Gerichten verarbeiten. Solltest du eine Detox-Saftkur planen, vermeide in den Tagen vor der Saftkur und danach Hülsenfrüchte, da sie deine Verdauung beeinträchtigen können und unter Umständen Blähungen verursachen. Beliebte Vertreter sind:

HÜLSENFRÜCHTE

- # **Bohnen**
- # **Erbsen**
- # **Kichererbsen**
- # **Linsen**

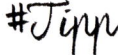

#Tipp

Wenn du Fleisch, Fisch oder Eier essen möchtest, dann Augen auf beim Einkauf. Am besten kaufst du diese Produkte ausschließlich in Bio-Qualität und gönnst sie dir als kleine Beilage zu Gemüse, Salat oder Rohkost.

NÜSSE UND SAMEN

Nüsse und Samen sind hervorragende Fettlieferanten und enthalten jede Menge Mineralstoffe. Du kannst sie entweder als Snack zwischendurch einplanen oder als Ergänzung in einem Gericht. Aber Vorsicht, denn du nimmst bereits mit einer kleinen Menge viele Kalorien zu dir. Lege zum Knabbern nicht gleich die ganze Tüte auf den Tisch, sondern gib nur eine Handvoll Nüsse in eine Schale und genieße sie.

NÜSSEN UND SAMEN

# **Cashewkerne**	# **Mandeln**
# **Chiasamen**	# **Paranusskerne**
# **Hanfsamen**	# **Pekannusskerne**
# **Haselnusskerne**	# **Sesamsamen**
# **Kürbiskerne**	# **Walnusskerne**
# **Leinsamen**	# **Weizenkeimflocken**

TIERISCHE PRODUKTE

Auch tierische Produkte haben ihren Platz in der Ernährung nach der Detox-Philosophie. Es ist dir aber freigestellt, ob du sie verwenden willst oder nicht. Die Produkte in der Tabelle liefern Nährstoffe, die in unserer Ernährung nicht sehr oft vorkommen. Eier enthalten unter anderem das wichtige Vitamin D, das in den Wintermonaten zu kurz kommt. Jod kommt nur in Fisch vor und in Lebensmitteln, die mit Jod angereichert wurden. Bekannt ist vor allem jodiertes Speisesalz.

Auch wenn du bei einer rein pflanzlichen Ernährung ausreichend Eiweiß bekommst, so kannst du auch tierisches Eiweiß zu dir nehmen, ohne irgendeinen gesundheitlichen Schaden zu nehmen. Auch hier ist es wie bei so vielem: „Die Dosis macht das Gift".

TIERISCHE LEBENSMITTEL

# **Alaska-Wildlachs**	# **Makrele** aus dem Nordatlantik
# **Eier** aus Freilandhaltung	# **Rind, Huhn** oder **Pute** vom Bauernhof
# **Fisch** aus nachhaltiger und ökologischer Fischerei	# **Seelachs** aus dem Nordatlantik
# **Kabeljau** aus der östlichen Ostsee	

Die Detox-Kur

IM DETAIL

DIE KÜCHE AUFRÜSTEN

Du benötigst mit Sicherheit nicht jedes Küchengerät dieser Welt, um dich gesund und ausgewogen zu ernähren. Erforderlich sind jedoch ein Mixer für Smoothies und ein Entsafter für Säfte. Wenn du weder das eine noch das andere hast, wird es schwierig, Smoothies oder frische Säfte herzustellen. Smoothies kannst du zur Not auch mit einem Pürierstab zubereiten, aber mit Sicherheit wird das Ergebnis alles andere als zufriedenstellend sein. Welches Gerät du dir besorgst, hängt ganz klar von deinen Absichten ab.

Der Mixer

Ein Mixer ist das Allroundtalent in der Küche und sollte von hoher Qualität und Langlebigkeit sein. Ganz egal, ob du Mus, Suppen, Eiscremes, Smoothies oder Salatdressings zubereiten möchtest, an einem guten Mixer führt kein Weg vorbei.

Hohe Messerspitzengeschwindigkeiten sowie die richtige Behälterform sind Grundvoraussetzungen für das Zerkleinern der Pflanzenfasern. So werden vor allem bei grünen Smoothies alle Nährstoffe sowie Chlorophyll freigesetzt und können vom Körper optimal aufgenommen werden.

Bei einem Smoothie sollten keine Obst- oder Gemüsestückchen mehr übrig bleiben. Mein Favorit ist beispielsweise der Vitamix® 750. Trotz seines hohen Preises ist er jeden Cent wert und bei mir im Haushalt mit Abstand das wichtigste Küchengerät.

Der Entsafter

Im Grunde gibt es zwei Entsaftertypen, die für eine Saftkur mit mehreren Säften pro Tag infrage kommen: zum einen der Zentrifugenentsafter und zum anderen die elektrische Saftpresse. Bei einem Zentrifugenentsafter dreht sich der Behälter mit hoher Geschwindigkeit um sich selbst. Durch die mögliche Hitzeentwicklung können dem Saft wichtige Vitamine entzogen werden. Mit einer elektrischen Saftpresse passiert das dagegen nicht, da es keine rotierenden Teile gibt. Außerdem ist die Saftausbeute im Vergleich zu einem Zentrifugenentsafter größer. Nachdem ich mehrere Geräte getestet habe, hat mich schlussendlich ein horizontaler Wellenentsafter überzeugt, zum Beispiel der EUJ-707 von Sana. Denn sowohl die Saftausbeute als auch die Qualität des Saftes ist erstklassig und rechtfertigt auf jeden Fall den höheren Preis.

CLEVER DURCH DIE KUR

5 Tipps für eine erfolgreiche Detox-Kur:

1. **Nimm dir ausreichend Zeit!** Am besten planst du die Kur an Urlaubstagen ein. Auch deshalb, weil es in den ersten zwei bis drei Tagen zu leichten Entzugserscheinungen mit Kopfweh, Müdigkeit und Stimmungsschwankungen kommen kann.

2. **Gute Vorbereitung ist alles.** Gehe in Ruhe einkaufen und besorge alle Zutaten, die du für die Detox-Kur benötigst. Schreib dir eine Einkaufsliste oder verwende die Liste aus diesem Buch. Ich empfehle dir, für diese Tage Bio-Obst und -Gemüse einzukaufen.

3. **Nimm abends ein Basenbad.**

4. **Bewege dich jeden Tag an der frischen Luft.**

5. **Trinke genug Flüssigkeit.**

MIT SÄFTEN

Eine Detox-Kur nur mit Säften durchzuführen ist für mich persönlich die sinnvollste Variante zu einer nachhaltigen Ernährungsumstellung. Sich eine Zeit lang nur flüssig zu ernähren und den Darm komplett zu entlasten ist eine Erfahrung, die jeder einmal machen sollte. Deine Körperwahrnehmung verändert sich komplett und du fühlst dich nach den etwas holprigen Tagen der Eingewöhnung leicht, fit und gesund. Du spürst, dass du nicht von fester Nahrung abhängig bist und dass auch nicht mehr dieses Völlegefühl vorhanden sein muss, um dich satt zu fühlen.

Das Hungerhormon passt sich der Situation an und wird nur in sehr geringer Konzentration ausgeschüttet. Durch das Hormon, welches dir signalisiert, dass du satt bist, nimmst du ein Gefühl der Zufriedenheit und der Balance wahr. Ab Seite 40 wird die Saftkur mit Saftbeispielen im Detail beschrieben.

MIT SMOOTHIES

Natürlich kannst du auch mit überwiegend grünen Smoothies eine Detox-Kur durchführen. Allerdings werden bei dieser Variante auch Ballaststoffe aufgenommen und der Darm kann sich nicht in dem Maße wie bei einer Saftkur erholen.

Smoothies sind von der Konsistenz her eher dickflüssig und müssen durch die Zugabe von Wasser, ungesüßter Mandelmilch oder anderen Flüssigkeiten erst cremig gemixt werden.

Ich empfehle dir, am Anfang eine Mahlzeit durch einen Smoothie zu ersetzen. Er ist schnell gemixt, schmeckt lecker und kann in einer Glasflasche auch gut transportiert werden.

Um dich schnell mit Energie zu versorgen, empfiehlt es sich, Smoothies mit hohem Fruchtanteil eher morgens oder nach dem Sport zu trinken. Wenn du dir eine Gewichtsreduktion durch Smoothies versprichst, so führen dich überwiegend grüne schneller zum Ziel.

In diesem Buch gibt es jede Menge Smoothie-Rezepte und mit etwas Erfahrung kannst du dir auch ohne Step-by-Step-Anleitung mal schnell etwas zusammenmixen. Zu deiner Orientierung habe ich auf Seite 37 zusammengestellt, wie und was du gut kombinieren kannst und welche Komponenten für mich unbedingt in einen perfekten Smoothie gehören.

MIT BALLASTSTOFFEN

Detox-Kur mit Smoothies:

\# **Morgens:**
Guten-Morgen-Smoothie mit Vanille und Matcha (Rezept Seite 135)

\# **Mittags:**
Power-Protein-Smoothie (Rezept Seite 141)

\# **Zwischendurch:**
Spirulina-Protein-Smoothie (Rezept Seite 133)

\# **Abends:**
Immunsystem-Booster-Smoohtie (Rezept Seite 132)

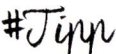

#Tipp

Besorge dir Glasflaschen mit Schraubverschluss. So kannst du deine Smoothies und Säfte überallhin mitnehmen.

green
Smoothie Formel

1 Wähle
deine Basis aus

#Mandelmilch, #Kokosmilch,
#Grüner Tee, #Reismilch,
#Wasser

2

Das Gemüse

#Grünkohl, #Spinat,
#Rote-Bete-Blätter,
#Blattkohl, #Kopfsalat,
#Brokkoli

3 Dann
die Früchte

#Banane, #Beerenfrüchte,
#Mango, #Birne, #Melone,
#Apfel, #Ananas, #Kiwi,
#Pfirsich, #Papaya

6

Jetzt mixen
und genießen

4 Jetzt wird
gepimpt

#Proteinpulver, #Chiasamen,
#Zimt, #Macapulver, #Rohes
Kakaopulver, #Mandelmus,
#Spirulina, #Leinsaat,
#Gojibeeren

5

Vor dem Mixen
... Wer es süßer mag

#Ahornsirup, #gehackte
Datteln, #Honig, #Agavensirup,
#Stevia, #getrocknete
Feigen

Detox-Kur mit Smoothies
und Saft:

Morgens:
Guten-Morgen-Smoothie
mit Vanille und Matcha
(Rezept Seite 135)

Mittags:
Cashew-Dattel-Smoothie
(Rezept Seite 145)

Zwischendurch:
Fire Boost (Rezept Seite 43)

Abends:
Spirulina-Protein-Smoothie
(Rezept Seite 133)

EINE KOMBINATION AUS SAFT UND SMOOTHIE

Solltest du einen Mixer und Entsafter dein Eigen nennen, so kannst du natürlich auch Säfte und Smoothies kombinieren. Der Vorteil dabei ist, dass du alle Getränke wunderbar vorbereiten und überallhin mitnehmen kannst. Wenn möglich, sollten die Flaschen in einem Kühlschrank oder einem Isolierbehälter aufbewahrt werden. Erstens schmecken sie dann besser und zweitens gehen weniger Nährstoffe verloren. Eine direkte Lichteinstrahlung sollte ebenfalls vermieden werden, denn auch UV-Licht kann den Gehalt an Vitaminen und Mineralstoffen mindern.

Im Gegensatz zu einer reinen Saftkur bietet sich diese Variante als sanfter Einstieg an. Entweder du kombinierst jeden Tag über den ganzen Zeitraum von einer Woche Säfte und Smoothies (nach Belieben tageweise abwechselnd oder innerhalb eines Tages) oder du startest die ersten drei Tage nur mit Smoothies und steigst dann komplett auf Säfte um.

Experimentiere selbst, mit welcher Kombination du am besten klarkommst. Deiner Fantasie sind dabei keine Grenzen gesetzt. Mit Sicherheit wird jede Detox-Kur deine Gesundheit fördern. Die Smoothies und Säfte in diesem Buch lassen sich alle perfekt kombinieren.

WOCHENÜBERSICHT SMOOTHIE-SAFTKUR 1

MONTAG	SMOOTHIES
DIENSTAG	SMOOTHIES
MITTWOCH	SMOOTHIES
DONNERSTAG	SÄFTE
FREITAG	SÄFTE
SAMSTAG	SÄFTE
SONNTAG	SÄFTE

WOCHENÜBERSICHT SMOOTHIE-SAFTKUR 2

MONTAG	SMOOTHIES
DIENSTAG	SMOOTHIES
MITTWOCH	SMOOTHIES/SÄFTE
DONNERSTAG	SMOOTHIES/SÄFTE
FREITAG	SÄFTE
SAMSTAG	SÄFTE
SONNTAG	SÄFTE

ES GEHT AUCH MIT FESTER NAHRUNG

Wenn du zunächst nur deine Ernährung umstellen und vielleicht eine Saft- oder Smoothie-Kur erst zu einem späteren Zeitpunkt durchführen möchtest, kannst du auch mit den anderen Rezepten im Buch starten. Sie basieren alle auf pflanzlichen, frischen und natürlichen Lebensmitteln. Und ich empfehle dir, phasenweise auf Fleisch zu verzichten oder den Verzehr wenigstens zu reduzieren. Während einer Detox-Kur mit fester Nahrung solltest du hauptsächlich basische oder neutrale Lebensmittel essen. Man unterscheidet säurebildende und basenbildende Lebensmittel. Optimal wäre es, wenn du 80 Prozent basische und nur 20 Prozent säurebildende Lebensmittel essen würdest.

Der Vorteil dieser Detox-Kur ist, dass sie sich leicht in den Alltag integrieren lässt und du in den ersten beiden Tagen keine Symptome wie bei einer Saftkur verspürst. Im Prinzip sind fast alle Produkte pflanzlichen Ursprungs Basenbildner. Die folgende Tabelle zeigt, worauf du achten solltest. Wie ein basischer Tag mit Rezepten aus dem Buch aussehen könnte, habe ich dir in der Tabelle rechts zusammengefasst.

SÄURE- UND BASENBILDNER

SÄUREBILDEND SIND:

Alkohol

Nüsse, außer Mandeln

Eier

Fisch

Fleisch und Wursterzeugnisse

Hülsenfrüchte

Kaffee

Kohlensäurehaltige Getränke

Milchprodukte

Nikotin

Raffinierter Zucker

Weißmehlerzeugnisse

BASENBILDEND SIND:

Früchte

Gemüse

Kräuter

Leinsamen

Mandelmus

Sesamsamen

Sprossen

BASISCHER EINSTIEG

Ein basischer Tagesplan zur Ernährungsumstellung:

Morgens:
Power-Buchweizen mit Blaubeeren im Glas (Rezept Seite 73)

Mittags:
Zoodles mit cremiger Mandel-Paprika-Soße (Rezept Seite 99)

Zwischendurch:
Grünes Detox-Wasser mit Ingwer (Rezept Seite 137)

Abends:
Papaya-Hirse-Salat mit Kürbiskernen (Rezept Seite 113)

Eine Saftkur
ZUM EINSTIEG

Falls du am Anfang der Kur irgendwann einmal Hunger verspürst, trinke lauwarmes Wasser mit dem frisch gepressten Saft von einer halben Limette. Die Säure der Limette sensibilisiert den Magen und nimmt dir das Hungergefühl.

WIE FÄNGT ALLES AN?

Plane vor deiner Detox-Kur mindestens drei Entlastungstage ein, an denen du hauptsächlich basische Lebensmittel zu dir nimmst. Eine überwiegend pflanzliche Ernährung mit frischen und natürlichen Zutaten ist dafür optimal. Vermeide während der Kur zu viel Stress und plane keine Termine ein. Die Saftkur besteht nur aus kalt gepressten Säften. Das heißt, du trinkst ausschließlich Detox-Säfte, stilles Wasser und Kräutertee. Reduziere in den Tagen davor deinen Kaffeekonsum und trinke an den letzten zwei Tagen vor der Kur gar keine koffeinhaltigen Getränke mehr. Alkohol sollte mindestens eine Woche vor der Saftkur nicht mehr getrunken werden. Besser wären zwei oder drei Wochen vorher.

WIE VIELE SÄFTE AM TAG?

Die Detox-Saftkur besteht pro Tag aus fünf Säften zu je 500 Millilitern, die in einer bestimmten Reihenfolge getrunken werden sollten (die genauen Rezepte dazu findest du auf Seite 43). Nach jedem Saftgenuss gibt es immer eine Pause von drei Stunden. Du solltest auf jeden Fall schon morgens um 8 Uhr mit dem ersten Saft beginnen. Von da an kannst du jeweils 3 Stunden danach den nächsten Saft trinken. Sprich um 8 Uhr, 11 Uhr, 14 Uhr, 17 Uhr und 20 Uhr. Das ist insofern sinnvoll, weil Darm und Leber zwischen dem letzten Saft um 20 Uhr und dem ersten am nächsten Tag eine Pause von zwölf Stunden haben. In diesen zwölf Stunden reinigen sich die beiden Organe und die Nährstoffe, die du über den Tag verteilt zu dir genommen hast, werden optimal aufgenommen.

#Tipp

Stell dir den Wecker, damit du das Safttrinken nicht vergisst.

ZEIT FÜR EINEN SAFT

8 UHR	1. SAFT	GOOD MORNING KICK
11 UHR	2. SAFT	FIRE BOOST
14 UHR	3. SAFT	GREEN ENERGY
17 UHR	4. SAFT	RED PASSION
20 UHR	5. SAFT	HEAVENLY

Bereite die Säfte immer tageweise zu, damit der Saft so frisch wie möglich ist. Am besten eignet sich der Abend davor, so hast du genügend Zeit und kannst in Ruhe entsaften. Zwischendurch trinkst du zimmerwarmes Quellwasser oder stilles Wasser und ungesüßten Kräutertee.

WIE LANGE KUREN?

Wie lange du die Detox-Saftkur durchführst, bleibt dir überlassen. Ich rate dir, auf jeden Fall mindestens drei Tage dabeizubleiben. Du fühlst dich erst am dritten Tag wirklich gut und weißt den Nutzen zu schätzen. Der gesundheitliche Vorteil bei weniger als drei Tagen ist sehr minimal. Nach meiner Erfahrung sind für Einsteiger fünf Tage optimal. Bei deiner zweiten Detox-Saftkur kannst du dich auch an eine ganze Woche wagen.

Ich kenne Menschen, die sich wochenlang nur von den Detox-Säften ernährt haben. Sehr übergewichtige Menschen, die gesundheitlich angeschlagenen sind und bei denen nichts gegen eine Detox-Kur spricht, profitieren davon mit einem schnellen und hohen Gewichtsverlust. Du wirst mit Sicherheit auch bei fünf Tagen etwas Gewicht verlieren. Das ist aber hauptsächlich Wasser, welches an Kohlenhydrate im Körper gebunden ist. Durch den hohen Gehalt an Kalium in Obst und Gemüse geben die Zellen zusätzlich Wasser frei, das mit dem Urin ausgeschieden wird.

MÖGLICHE NEBENWIRKUNGEN

Wenn du mit der Saftkur beginnst, können Symptome auftreten, die dich vielleicht im ersten Augenblick irritieren und dich am Sinn der Kur zweifeln lassen. Aber glaube mir, diese Nebenwirkungen sind völlig unbedenklich und verschwinden nach spätestens zwei Tagen.

So kann der Körper bei einer Saftkur reagieren:

Kopfweh: Durch die schnelle Reduktion von Kohlenhydraten stellt der Körper sich um und muss aus Fett und Protein Glukose fürs Gehirn und andere Gewebe herstellen.

Leichtes Frieren: Durch die starke Einschränkung der Kalorienzufuhr geht der thermogenetische Effekt verloren, das heißt der Körper erzeugt weniger Wärme.

Müdigkeit: Eine Senkung der Kalorienzufuhr führt anfangs dazu, dass du dich müde und schwach fühlst. Dein Körper hat sich aber nach ein bis zwei Tagen an diesen Zustand gewöhnt und du verspürst das Gegenteil und bist fit und hellwach.

Leichte Verdauungsprobleme: Das Fehlen von Ballaststoffen kann sich eventuell auf die Verdauung auswirken, das legt sich aber schnell und du wirst fast nur noch Urin ausscheiden.

Er kommt langsam.

\# Du hast auf alles Hunger.

\# Muss nicht unbedingt sofort gestillt werden.

\# Du hörst auf zu essen, wenn du satt bist.

\# Du fühlst dich hinterher gut.

EMOTIONALER HUNGER

Er kommt plötzlich.

\# Du hast Lust auf etwas ganz Bestimmtes.

\# Du willst sofort etwas haben.

\# Obwohl du satt bist, isst du weiter.

\# Oft hast du hinterher ein schlechtes Gewissen.

EMOTIONEN UND NAHRUNG

Emotionale Bedürfnisse und Essen sind sehr eng miteinander verbunden. Oft geht es nicht nur darum, den Hunger mit Nahrung zu stillen, sondern auch um emotionale Bedürfnisse. Während einer Detox-Kur können Emotionen vermehrt auftreten. Denn es wird nicht nur der Körper gereinigt, sondern auch Geist und Seele. Während einer Detox-Kur wird der Körper von biologischen Schlacken befreit, auch Stress und Ängste können verschwinden. Lass dich komplett darauf ein und kämpfe nicht dagegen an. Beachte außerdem, dass es zwischen einem echten und einem emotionalen Hunger deutliche Unterschiede gibt.

Bei emotionalem Hunger kannst du dir leicht selber helfen. Trinke ein Glas Wasser mit dem frisch gepressten Saft von einer halben Limette. Damit wird die Darmtätigkeit angeregt, das hilft, Schlacken während der Saftkur auszuscheiden. Oder lenke dich etwas ab, indem du einen Freund anrufst oder eine Arbeit im Haushalt erledigst. Wenn du diesem emotionalen Hungergefühl widerstehst, fühlst du dich danach stark und bist stolz, dass du dich widersetzt hast und nicht schwach geworden bist.

SPORT WÄHREND DER SAFTKUR

Bewege dich regelmäßig, vermeide aber anstrengende Sportarten. Ruhe dich mehr aus, als dass du dich bewegst. Findet deine Saftkur im Urlaub statt, so kannst du ein umfangreicheres Sportprogramm absolvieren. Musst du in dieser Phase arbeiten, dann reduziere die Bewegung auf einen kleinen Spaziergang in zügigem Tempo abends nach dem letzten Saft. Andere Sportarten wie Yoga oder zwei bis drei leichte Übungen mit dem eigenen Körpergewicht sind auch empfehlenswert. Ideen zu leichten Kräftigungs- und Dehnübungen sind im Sportteil ab Seite 48 enthalten. Wer Erfahrung mit der progressiven Muskelentspannung hat, kann diese während der Saftkur durchführen.

NACH DER KUR IST VOR DER KUR

Auch nach der Kur solltest du auf stark säurebildende Lebensmittel verzichten und so weitermachen, wie du vor der Saftkur aufgehört hast. Denn Magen und Darm reagieren sehr sensibel auf schwere Kost, die nach einer Saftkur schwer in deinem Magen liegen würde. Gewöhne dich langsam wieder an feste Nahrung und nimm weiterhin viel Flüssigkeit zu dir. Du kannst dich an dem Tagesplan im Kapitel „Ernährungspläne" auf Seite 46 und 47 orientieren, damit der Übergang zur festen Nahrung so problemlos und sanft wie möglich vonstattengeht.

DIE SÄFTE DER DETOX-SAFTKUR

Zum Entsaften brauchst du einen guten Entsafter (siehe S. 34). Bevor du startest, lies dir die Bedienungsanleitung des Herstellers genau durch. Denn jedes Gerät ist anders.

Je nach Zutaten gehst du dann so vor: Das Gemüse und Obst waschen, putzen oder schälen. Alles grob zerkleinern und in den Einschub des Entsafters füllen, dabei alle Zutaten mit einem Stößel nachschieben und den Saft auffangen. Da es fettlösliche Vitamine gibt, die nur in Verbindung mit Fett optimal genutzt werden, enthält die Zutatenliste von drei Rezepten zusätzlich Leinöl. Das Öl nach dem Entsaften unter den Saft rühren.

Good Morning Kick

3 Stangen Staudensellerie

3 Möhren

½ Salatgurke

1 Zitrone (ohne Schale)

1 Apfel

1 Peperoni

1 Handvoll Minzeblätter

1 TL Leinöl

Fire Boost

2 Möhren

1 Orange (ohne Schale)

1 Apfel

1 Limette (ohne Schale)

1 daumengroßes Stück frischer Ingwer

1 EL Macapulver

Green Energy

3 Stangen Staudensellerie

1 Bund Petersilie (Stängel und Blätter)

1 Birne

1 große Handvoll Grünkohlblätter (wahlweise Spinat)

½ Fenchelknolle

1 EL Spirulinapulver

Red Passion

2 Rote Beten

2 Möhren

1 Limette (ohne Schale)

½ frische Ananas

1 daumengroßes Stück frischer Ingwer

1 TL Kurkumapulver

1 TL Leinöl

Heavenly

2 Handvoll Spinat

½ Salatgurke

1 Zitrone (ohne Schale)

½ süßlicher Apfel

1 TL Leinöl

EINKAUFSLISTE FÜR DIE SAFTKUR

Idealerweise schreibst du dir alle Zutaten für die Detox-Saftkur auf, bevor du einkaufen gehst. Kaufe möglichst alles in Bio-Qualität, auch wenn diese etwas teurer ist. Dafür kannst du dir sicher sein, dass Obst und Gemüse eine wesentlich geringere Belastung an Pestiziden aufweisen.

Besorge am besten alles auf einem Wochen- oder Bauernmarkt. Die Gemüsebauern verkaufen dort zum Teil ihr eigenes Gemüse und Obst. Wer möchte, kann nachfragen, wie ihre Produkte angebaut wurden. Pauschal zu behaupten, „Bio" wäre immer besser, ist nicht unbedingt richtig. Aber es gibt Gemüse- und Obstsorten, die bei konventionellem Anbau stärker mit Pestiziden belastet sind als andere Sorten. Deswegen rate ich dir, alle Zutaten für die Saftkur in Bio-Qualität zu kaufen.

Die Einkaufsliste bezieht sich auf einen Tag mit fünf Detox-Säften. Kaufe am besten für zwei bis drei Tage ein, damit du nicht jeden Tag los musst. Zusätzlich zum Gemüse und Obst brauchst du noch Zutaten, die dir vielleicht noch unbekannt vorkommen.

Bei Maca handelt es sich um eine Knolle, die gemahlen wird und in Pulverform im Handel ist. Sie ist eine wahre Nährstoffbombe und enthält fast alle Vitamine und viele Spurenelemente, unter anderem jede Menge Kalzium. Das Pulver gibt es auch in Bio-Läden.

Die Nachfrage nach Chiasamen wird immer größer und deswegen gibt es diese mittlerweile in jedem Supermarkt. Achte dabei aber auch auf Bio-Qualität, da es erhebliche Qualitätsunterschiede gibt.

Von Kurkuma hat bestimmt jeder schon mal gehört. Du findest das gelbe Gewürz in der Gewürzabteilung.

Spirulina gehört zu einer Algenfamilie, die sowohl in Ozeanen als auch in Süßwassergewässern vorkommt. Die Spirulina-Alge ist reich an Eisen und anderen wichtigen Spurenelementen. Außerdem enthält sie die Vitamine D und K sowie die B-Vitamine.

In dem Saft „Green Energy", der als zweiter genossen wird, verwende ich Spirulina in Pulverform. Du bekommst dieses Pulver in allen gut sortierten Reformhäusern.

Falls du eine der genannten Zutaten nicht in einem Laden findest, gibt es sie auf jeden Fall in diversen Onlineshops oder über www.eat-clean.de.

EINKAUFSLISTE

Besorge dir für die Detox-Saftkur alles in Bio-Qualität.

6 Stangen Staudensellerie

7 Möhren

1 Gurke

2 Zitronen

3 Äpfel

1 Peperoni

1 Orange

2 Limetten

1 Bund Petersilie

1 Birne

1 große Handvoll Grünkohl (wahlweise Spinat)

½ Fenchelknolle

1 großes Stück frischer Ingwer

1 EL Spirulinapulver

2 frische Rote Beten

½ frische Ananas

1 Handvoll Minzeblätter

Kurkumapulver

Leinöl

Macapulver

2 Handvoll Spinat

Ernährungsplan
BEISPIELE FÜR EINE WOCHE

	MONTAG	DIENSTAG	MITTWOCH
#FRÜHSTÜCK SHAKE ODER GETREIDE	Smoothie oder Saft. Verwende ein Rezept aus dem Buch als Orientierung oder mixe nach deinem eigenen Geschmack.	Frühstücks-Bowl mit Quinoa (SEITE 69)	Blaubeer-Vanille-Porridge mit Leinsamen (SEITE 59)
#MITTAGESSEN FESTE MAHLZEIT	Ein Rezept aus dem Buch oder stelle dir selbst eine Mahlzeit mit den Detox-Zutaten in der Lebensmittelliste zusammen.	Superfood-Detox-Smoothie mit Gojibeeren (SEITE 123)	Zucchini-Carpaccio mit Feta und Kräuter-Vinaigrette (SEITE 109)
#NACHMITTAGS SNACK	Saft aus der Detox-Kur und eine Handvoll Mandeln	Sommerliche Bananen-Eis-Pops (SEITE 163)	Spirulina-Protein-Smoothie (SEITE 133)
#ABENDESSEN LEICHTE MAHLZEIT ODER SALAT	Ein leichtes Gericht aus dem Buch mit viel Gemüse, einen Salat oder eine Suppe	Blumenkohl-Cashew-Suppe mit Curry (SEITE 90)	Kabeljau mit griechischem Minzejoghurt (SEITE 117)

#101

#63

#89

DONNERSTAG	FREITAG	SAMSTAG	SONNTAG
Buchweizen-Walnuss-Bowl mit Kardamom (SEITE 68)	Gebackene Grapefruit mit Joghurt (SEITE 67)	Apfel-Haferflocken-Pancakes (SEITE 63)	Warmer Amarant mit Birne und Walnüssen (SEITE 75)
Minze-Kakao-Smoothie mit Ananas (SEITE 139)	Buchweizen mit schwarzen Bohnen und Zucchini (SEITE 105)	Quinoasalat mit geröstetem Gemüse (SEITE 93)	Gefüllte Avocado mit Rührei (SEITE 157)
Pinke Cashewcreme mit frischen Beeren (SEITE 153)	Mango-Chia-Pudding mit Vanille (SEITE 151)	Mandel-Energie-Riegel mit Kakaonibs (SEITE 167)	Power-Protein-Smoothie (SEITE 141)
Zoodles mit cremiger Mandel-Paprika-Soße (SEITE 99)	Schoko-Power-Smoothie mit Orangensaft (SEITE 131)	Vegetarisches Quinoa-Chili (SEITE 101)	Süßkartoffel-Spinat-Pfanne mit frischen Feigen (SEITE 89)

Bewegung
GEHÖRT DAZU

Wie wichtig alltägliche Bewegung ist, muss ich immer wieder erwähnen. In „Power up your life" zeige ich dir, wie du mehr Bewegung in deinen Alltag integrieren kannst und wie du diese Bewegungstipps auch dauerhaft umsetzen kannst. In einer dänischen Langzeitstudie wurde errechnet, dass 60 bis 150 Minuten Sport pro Woche das Leben um zirka sechs Jahre verlängern kann. Wenn das kein Ansporn ist!

Wichtig ist, dass du in kleinen Schritten vorangehst und dein Ziel nicht zu hoch steckst. Denn ein Ziel, das du in einem überschaubaren Zeitraum nicht erreichen kannst, demotiviert dich zu sehr. Sich bei jeder Gelegenheit mehr zu bewegen ist zwar ein Anfang, aber ein zusätzliches Kräftigungs- und Beweglichkeitstraininig gehört genauso dazu und sollte konsequent durchgeführt werden. Die Vorteile liegen auf der Hand. Durch leichtes Ausdauertraining wird dein Herz-Kreislauf-System trainiert und die Erholung des Körpers verbessert. Ausdauersport stärkt dein Immunsystem und du wirst seltener krank. Im Alltag fühlst du dich fitter und bist leistungsfähiger.

FRÜHER SCHON AN SPÄTER DENKEN

Ab dem 30. Lebensjahr verlieren wir jedes Jahr etwa 0,5 Prozent an Muskelmasse, wenn wir nichts dagegen tun. Die Folgen im Alter können dann nach Brüchen oder Stürzen dramatisch sein. Mit regelmäßigem Muskeltraining kann man jedoch zum einen der Osteoporose vorbeugen und zum anderen Stürze vermeiden. Je eher man mit dem Training beginnt, desto besser ist es. Das Alter ist kein Argument dagegen, denn für Sport ist es nie zu spät und du kannst deine Muskulatur in jedem Alter trainieren. Es ist kein vorgegebenes Schicksal, gebrechlich und unbeweglich zu werden. Nein, das haben wir einzig und allein unserer Inaktivität zu verdanken.

MUSKELN VERBRENNEN FETT UND SCHÜTZEN GELENKE

Die Muskeln sind das einzige Organ im Körper, das Fett verbrennen kann. Viele Muskeln verbrennen viel Fett und wenig Muskeln wenig Fett. Wie aktiv dein Stoffwechsel ist, hängt unmittelbar von deiner Muskelmasse ab. Das heißt, du tust dich bei einer Fettreduktion wesentlich leichter, wenn du auch deine Muskeln kräftigst. Außerdem schützt du deine Gelenke vor Verschleiß, wenn sie von kräftigen Muskeln umgeben sind. Der Knorpel wird geschont und du wirst länger aktiv und beweglich sein.

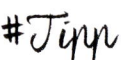

DAS KANNST DU IM ALLTAG TUN

Mit einem Schrittzähler oder einem Smartphone kannst du sehr gut überwachen, wie viele Schritte du pro Tag gehst. Versuche dich dabei stetig zu steigern. Am besten in 1000er-Schritten. Erreichen kannst du das, indem du eine Bushaltestelle früher aussteigst oder dein Auto weiter weg von deinem Ziel parkst. Statt den Aufzug nimmst du ab jetzt die Treppe und bekommst dabei ein kostenloses Krafttraining für die Beine mit dazu. Natürlich musst du dann etwas mehr Zeit einplanen. Das sollte aber kein Problem sein, denn schließlich tust du das für deine Gesundheit.

Eine Möglichkeit, dein Gleichgewicht zu schulen, wäre einbeiniges Zähneputzen und als Steigerung dann zusätzlich mit geschlossenen Augen. Im Büro kannst du jederzeit Kniebeugen oder Dehnübungen machen. Kümmere dich nicht darum, was deine Kollegen denken, denn mit deinen Aktivitäten bist du auf dem richtigen Weg und tust etwas für deine Gesundheit.

AUSDAUERSPORTARTEN

Das sind gute Beispiele für ein Herz-Kreislauf-Training in freier Natur:

Inlineskating

Laufen

Rad fahren

Schwimmen

Walken

HERZ-KREISLAUF-TRAINING IN DER NATUR

Dabei geht es nicht darum, so schnell wie möglich deine Hausrunde zu absolvieren, sondern vielmehr mit lockerem Schritt und regelmäßigen Gehpausen die eine oder andere Kraftübung mit einzubauen. Genieße dabei die Natur und atme bewusst und tief ein.

Um den Kopf frei zu bekommen oder neue Ideen zu entwickeln, ist Ausdauersport erwiesenermaßen genau das richtige Rezept. Er kann sogar gegen Depressionen helfen und sorgt für die Ausschüttung von Glückshormonen. Selbst wenn du diese nicht bewusst wahrnimmst, passiert beim Training einiges in deinem Körper. Und das wirkt sich auf alle Lebensbereiche positiv aus. Du schläfst besser, bist wesentlich ausgeglichener und kannst konzentrierter deiner Arbeit nachgehen. In der Tabelle links findest du ein paar Anregungen für Ausdauersportarten.

Wenn du gerne zum Joggen gehst, empfehle ich dir, keinen Dauerlauf zu machen. Denn der ist nicht nur langweilig, sondern kann bei höherem Körpergewicht deine Gelenke schädigen. Schnelles Gehen oder ganz langsames Laufen mit Gehpausen und Pausen, in denen du Übungen machst, ist wesentlich besser.

Die Übungen, die ich dir auf dem Fitnessplakat zeige (als Extra im Buch), bringen dir viel mehr, als dich durch einen Dauerlauf von 45 bis 60 Minuten zu quälen. Und: Bei einer fehlenden Grundathletik und schlechter Lauftechnik ist die Verletzungsgefahr einer Trainingseinheit höher als deren Nutzen. Also lockere dein Herz-Kreislauf-Training mit Kraftübungen auf und gehe nicht an deine Grenzen.

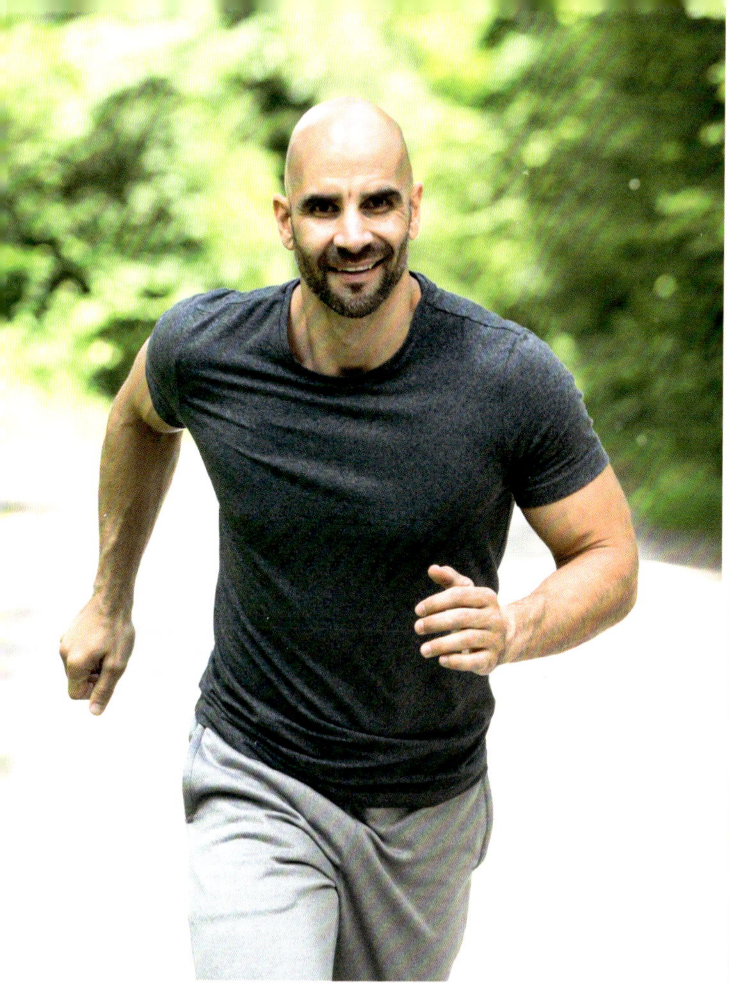
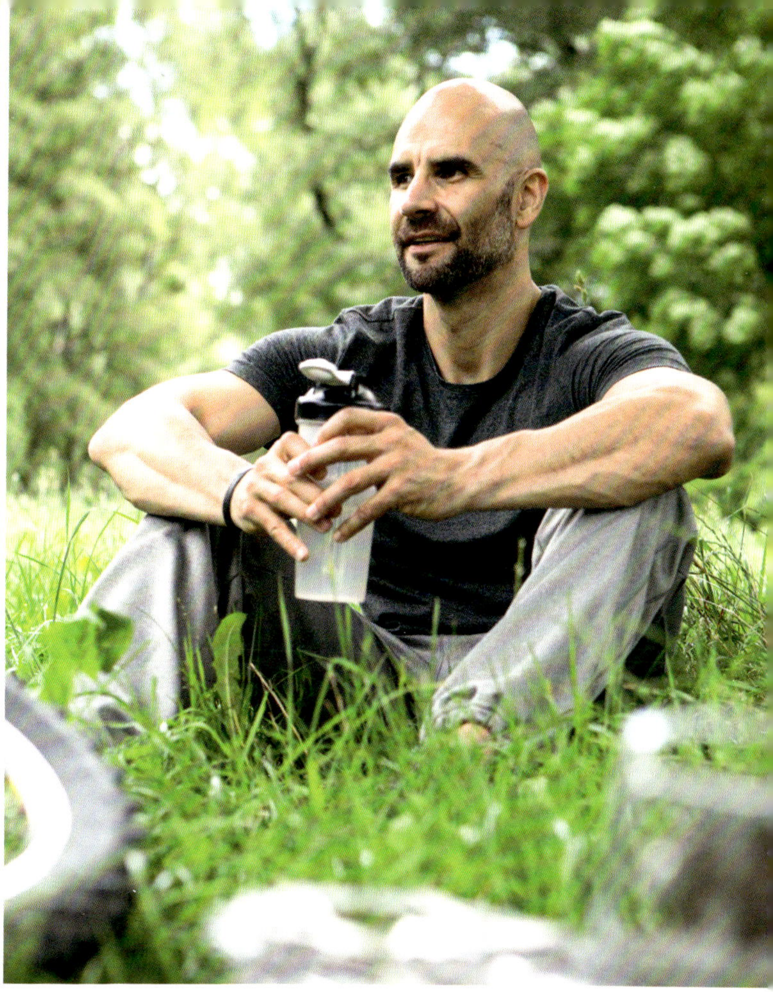
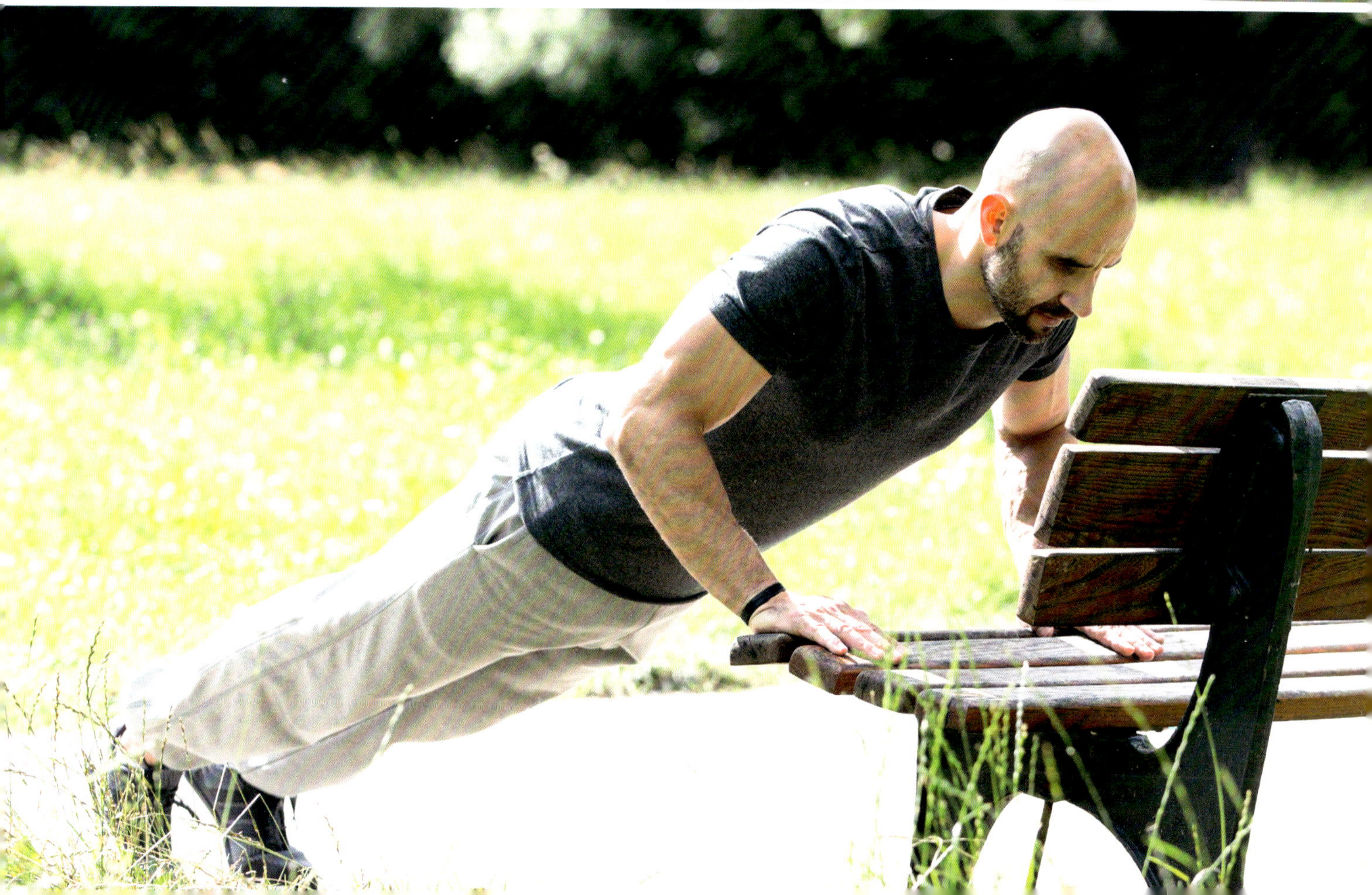

STABILITÄT UND MOBILITÄT

Diese beiden Fähigkeiten sind Grundvoraussetzungen, damit du dich langfristig verletzungs- und beschwerdefrei im Alltag bewegen kannst. Deine Gelenke werden im Laufe des Lebens massiven Belastungen ausgesetzt. Durch einseitige Alltagsbelastungen, zum Beispiel beim Sitzen in gebückter Haltung und mit angewinkelten Beinen, entstehen Probleme, die uns in unserer Lebensqualität massiv einschränken. Rückenschmerzen sind mittlerweile eine Volkskrankheit und betreffen jeden zweiten Erwachsenen. Halte also durch Dehnübungen deine Gelenke geschmeidig und achte auf eine aufrechte Haltung vor dem Bildschirm.

Es gibt diverse Trainingsprogramme, die speziell diese Komponenten berücksichtigen. Einen kleinen Auszug an Übungen findest du auch auf dem Fitnessplakat als Extra im Buch. Hier zeige ich dir, wie ein Training mit Stabilitäts- und Mobilitätsübungen aussehen kann.

#Tipp

Achte auf dich und nicht auf andere. Setze dir ein Ziel für dein Training und deine Ernährung. Halte dich an deinen eigenen Plan. Es nützt nichts, sich an jemandem zu orientieren, der komplett andere Voraussetzungen hat als du.

EFFEKTIVE ÜBUNGEN FÜR DEN BÜROALLTAG

Gerade im Büro ist es wichtig, sich immer wieder zu bewegen und an den richtigen Stellschrauben zu drehen, damit Verspannungen und „steife" Muskeln keine Chance haben.

Hier findest du eine kleine Auswahl an Kräftigungs- und Beweglichkeitsübungen, die du alle 2 Stunden im Büro in 5–8 Minuten absolvieren kannst. Sie dienen deiner Gesundheit und senken in Kombination mit den Kräftigungs- und Beweglichkeitsübungen auf dem Fitnessplakat das Risiko von Gelenkbeschwerden und chronischen Verspannungen in hohem Maße.

Kräftigung

Wadenheben am Stuhl
Stelle dich hinter deinen Bürostuhl und halte dich an der Rückenlehne fest. Drücke dich mit den Zehenspitzen nach oben und senke deine Fersen langsam wieder ab.

Mit beiden Beinen langsam vom Stuhl aufstehen und wieder hinsetzen
Rutsche mit dem Gesäß auf dem Stuhl nach vorne auf die Sitzfläche, stelle beide Füße parallel zueinander auf und versuche nun langsam ohne Schwung aufzustehen. Danach setzt du dich wieder langsam auf den Stuhl und wiederholst die Übung.

Für Fortgeschrittene – einbeinig aufstehen
Das gleiche wie oben, nur jetzt stehst du langsam mit einem Bein auf und setzt dich auch wieder langsam hin. Abwechselnd mit dem linken und rechten Bein aufstehen.

Beinbeugen – stehend am Stuhl
Stelle dich hinter deinen Bürostuhl und halte dich an der Rücklehne fest. Nun beugst du 20-mal dein linkes und 20-mal dein rechtes Bein.

Liegestützen an der Wand
Setze schulterbreit deine Hände an die Wand und mach 15 Liegestützen. Je nach Fitnesslevel kannst du den Winkel an der Wand verändern, bis du es zu einem Liegestütz auf dem Boden schaffst.

Crunch – sitzend auf dem Stuhl (Kinn zur Brust)
Drücke dein Kinn auf die Brust und mache einen Rundrücken. Übe dabei Druck in deinem Bauchraum aus und konzentriere dich auf deine Bauchmuskulatur.

Beine anziehen – sitzend auf dem Stuhl
Setz dich auf die Stuhlkante und lehne deinen Oberkörper nach hinten. Halte dich mit beiden Händen seitlich am Stuhl fest und hebe nun die Beine. Ziehe deine Beine zum Oberkörper und senke sie wieder Richtung Boden. Wiederhole diese Übung 10-mal.

Mobilisation/Beweglichkeit
Schulterkreisen
Kreise deine Schultern 10-mal nach vorne und 10-mal nach hinten. Konzentriere dich auf die Muskulatur, die du dafür aktivieren musst.

Seitneigen sitzend
Setz dich aufrecht auf deinen Stuhl und neige deinen Oberkörper langsam so weit es geht nach links und dann nach rechts. Abwechselnd 10-mal nach links und 10-mal nach rechts.

Wirbelsäulen-Rotation sitzend
Setze dich aufrecht auf den Stuhl und führe deine Hände vor dem Bauch zusammen. Halte deine Oberarme fixiert am Körper. Rotiere nun in der Wirbelsäule nach links und nach rechts und halte deinen Blick gerade nach vorne. Wiederhole die Übung 10-mal links und 10-mal rechts.

Schulterblätter nach hinten ziehen
Setze dich aufrecht hin und ziehe deine Schulterblätter hinten zusammen, so als sollten sie sich berühren. Die Schultern 20-mal nach hinten ziehen.

Kopf kreisen
Kreise deinen Kopf langsam 5-mal gegen den Uhrzeigersinn und 5-mal mit dem Uhrzeigersinn.

....

FAZIT
Wichtig ist, dass das Training keine zusätzliche Belastung für den Alltag ist. Aber durch die Ernährung nach der Detox-Philosophie wirst du mehr Lust auf Bewegung haben und motiviert sein. Du wirst dich leichter fühlen und dich auf jede neue Trainingseinheit freuen.

....

Wenn du Beschwerden im Wirbelsäulenbereich hast, gehe vorsichtshalber zum Arzt. Er wird die Ursache für die Probleme finden und dir eventuell Krankengymnastik verschreiben. Sobald der Physiotherapeut dann einem leichten Krafttraining zustimmt, suche dir einen guten Trainer, der dir einen individuellen Trainingsplan erstellt.

Rezepte

#FRÜHSTÜCK

Wer voller Power in den Tag starten möchte, der sollte am besten schon morgens seine Energie-speicher füllen. Ein gesundes Frühstück ist die Grundlage dafür. Lass dich von den folgenden Rezeptideen inspirieren. Je mehr du ausprobierst, desto mehr Routine bekommst du und desto schneller ist ein leckeres Frühstück zubereitet.

Blaubeer-Vanille-
PORRIDGE MIT LEINSAMEN

Der kalte griechische Joghurt auf dem warmen Porridge ist ein Hochgenuss und gibt dem Ganzen einen besonderen Kick.

Zutaten

80 g Haferflocken

Meersalz

1 EL geschroteter Leinsamen

1 Handvoll Blaubeeren

10 Walnusskerne

1 Vanilleschote

100 g griechischer Joghurt

½ TL gemahlener Zimt

1 EL Ahornsirup

2 Portionen

Zubereitung

250 ml Wasser mit den Haferflocken, etwas Meersalz und den Leinsamen in einen Topf geben und kurz aufkochen. Die Herdplatte abschalten und die Haferflocken und Leinsamen 5 Minuten quellen lassen.

Inzwischen die Blaubeeren waschen und abtropfen lassen. Die Walnusskerne klein hacken.

Die Vanilleschote längs aufschneiden, das Vanillemark mit einem Messer herauskratzen und zu der heißen Haferflocken-Leinsamen-Mischung geben.

Die gehackten Walnusskerne und den Zimt unter den Porridge rühren. Den Porridge in zwei Schalen geben. Den Joghurt in Klecksen und den Ahornsirup in Spritzern darauf verteilen.

Haferflocken-Bowl
MIT MÖHREN

Mein Lieblingsrezept in Anlehnung an den beliebten „Carrot Cake" mit absolut „cleanen" Zutaten passt perfekt zur Detox-Philosophie.

Zutaten

80 g Haferflocken

1 Möhre

1 Banane

125 ml Kokosmilch aus der Dose

2 EL Kokosraspel

1 TL gemahlener Zimt

½ TL gemahlener Kardamom

Außerdem

1 EL Pekannusskerne

1 EL Kürbiskerne

1 Nektarine

1 Handvoll Physalis

2 Portionen

Zubereitung

Am Vorabend die Haferflocken und 150 ml Wasser in eine Schüssel geben und etwa 10 Minuten quellen lassen.

Inzwischen die Möhre putzen, schälen und grob reiben. Die Banane schälen und mit einer Gabel zerdrücken. Die Möhrenraspel und das Bananenmus zu den Haferflocken geben und alles mit einem Löffel vermischen.

Die Kokosmilch, Kokosraspel, Zimt und Kardamom dazugeben. Alle Zutaten mischen und über Nacht in den Kühlschrank stellen.

Am nächsten Morgen die Mischung umrühren und nach Belieben mit Pekannusskernen, Kürbiskernen, geschnittener Nektarine und/oder Physalis als Topping garnieren und servieren.

Apfel-Haferflocken-
PANCAKES

Pancakes zu Türmchen gestapelt sehen hübsch aus und lassen sich auch hervorragend für Gäste vorbereiten.

Zutaten

100 g Apfelmus ohne Zucker
aus dem Glas

80 g Haferflocken

1 Ei

1 TL Backpulver

1 EL Ahornsirup

½ TL gemahlener Zimt

Meersalz

1 Vanilleschote

½ Apfel

2 TL Kokosöl

Außerdem

2 EL Ahornsirup

1 Handvoll Granatapfelkerne

½ Apfel, geschnitten

Orangenscheiben, nach Bedarf

2 Portionen 🍴

Zubereitung

Apfelmus, Haferflocken, Ei, Backpulver, Ahornsirup, Zimt und 1 Prise Meersalz in einen Mixer geben. Die Vanilleschote längs aufschneiden und das Mark mit einem Messer herauskratzen und dazugeben. Alle Zutaten zu einem glatten Teig mixen.

Die Apfelhälfte fein reiben. Den Teig in eine Schüssel füllen, den geriebenen Apfel unterrühren und 1 Stunde ruhen lassen.

Aus dem Teig nach und nach 8 Pancakes backen. Dafür jeweils das Kokosöl in einer Pfanne mit 8–10 cm Durchmesser erhitzen. Den Teig mit einer Schöpfkelle in die Pfanne geben und bei mittlerer Hitze in 1–3 Minuten goldbraun backen, bis die Pancakes fest sind und sich von der Pfanne lösen lassen. Dann wenden und die andere Seite 1–3 Minuten backen.

Die Pancakes aus der Pfanne nehmen und auf zwei Tellern übereinander schichten. Mit Ahornsirup und dem Obst genießen.

Buchweizenwaffeln
MIT MANDELMUS

Buchweizen schmeckt wie Getreide, ist aber keins. Das sogenannte Pseudogetreide ist glutenfrei und versorgt dich mit acht essenziellen Aminosäuren.

Zutaten

150 g Buchweizenmehl

1 TL Backpulver

1 EL Kokosblütenzucker

Meersalz

½ TL gemahlener Zimt

50 ml Kokosöl

250 ml ungesüßte Mandelmilch

1 Ei

Außerdem

Kokosöl zum Backen

3 EL Mandelmus

2 EL Ahornsirup

1 Handvoll Beeren (nach Wahl)

2 Portionen

Zubereitung

Ein Waffeleisen vorheizen. Inzwischen das Buchweizenmehl mit Backpulver, Kokosblütenzucker, 1 Prise Meersalz und Zimt in eine Schüssel geben und vermischen.

Das Kokosöl schmelzen. Die Mandelmilch mit dem Kokosöl und dem Ei in eine zweite Schüssel geben und ebenfalls vermischen.

Die trockene und nasse Mixtur gut verrühren, sodass ein glatter Teig entsteht. Den Teig beiseitestellen und ein paar Minuten ruhen lassen.

Danach das Waffeleisen mit Kokosöl einpinseln und den Teig einfüllen. Die Waffeln backen, bis sie goldgelb sind.

Für das Topping das Mandelmus mit dem Ahornsirup vermischen. Die Beeren nach Wahl verlesen. Die Waffeln mit dem Ahornsirup-Mandelmus und den Beeren garnieren und servieren.

Mandel-Granola
MIT KOKOSBLÜTENSIRUP

Mandel-Granola passt als Topping zu vielen anderen Rezepten. Wer gleich eine größere Menge zubereitet, hat morgens schnell ein leckeres Frühstück.

Zutaten

300 g Haferflocken

100 g Mandelstifte

Meersalz

½ TL gemahlener Zimt

gemahlene Muskatnuss

1 Vanilleschote

100 ml Kokosöl

120 ml Kokosblütensirup

100 g getrocknete Datteln

50 g getrocknete Cranberrys

2 Portionen

Zubereitung

Den Backofen auf 180 °C Ober-/Unterhitze vorheizen. Ein Backblech mit Backpapier auslegen.

Die Haferflocken mit den Mandelstiften, 1 Prise Meersalz, Zimt und 1 Prise Muskat vermischen. Die Vanilleschote längs aufschneiden, das Mark mit einem Messer herauskratzen und dazugeben. Kokosöl und Kokosblütensirup zu der trockenen Mischung geben und alles gut verrühren.

Diese Masse auf dem Backblech verteilen und glatt streichen. Die Masse im Backofen (mittlere Schiene) in 20–25 Minuten goldgelb backen. Dann herausnehmen, abkühlen lassen und mit einem Messer zerkleinern.

Inzwischen die Datteln klein schneiden und mit den Cranberrys zum Granola geben.

TIPP

Das Granola mit griechischem Joghurt und frischen Früchten nach Wahl genießen. Wer größere Mengen Granola zubereitet, bewahrt es am besten in einem verschließbaren Behälter auf. Es hält sich etwa 2 Monate.

Gebackene Grapefruit
MIT JOGHURT

Die Zucker-Gewürz-Mischung auf der Grapefruit karamellisiert im Backofen. Mit Mandel-Granola ist sie ein himmlisches Geschmackserlebnis.

Zutaten

2 Grapefruits

4 EL Kokosblütenzucker

½ TL gemahlener Ingwer

½ TL gemahlener Zimt

Meersalz

300 g griechischer Joghurt

4 EL Ahornsirup

2 EL Mandel-Granola
(siehe S. 66)

2 Portionen

Zubereitung

Den Backofen auf 200 °C Ober-/Unterhitze vorheizen. Ein tiefes Backblech mit Backpapier auslegen.

Inzwischen die Grapefruits halbieren und jeweils die Schale an den Enden abschneiden, sodass sie einen stabilen Stand haben. Die Grapefruits mit der fruchtigen Schnittfläche nach oben auf das Backblech setzen.

Den Kokosblütenzucker mit Ingwer, Zimt und 1 Prise Meersalz vermischen und die Zucker-Gewürz-Mischung über die Grapefruits streuen. Die Grapefruits im Backofen (mittlere Schiene) 8 Minuten backen, bis der Zucker auf der Grapefruit karamellisiert ist.

Die Grapefruits herausnehmen, anrichten und sofort mit griechischem Joghurt, Ahornsirup und Mandel-Granola servieren.

Buchweizen-Walnuss-
BOWL MIT KARDAMOM

Der Kardamom und das Vanillemark geben dem
Ganzen einen besonders feinen Geschmack.

Zutaten

50 g Walnusskerne

120 g geschroteter Buchweizen

1 Apfel

150 ml frisch gepresster
Orangensaft

½ TL gemahlener Kardamom

½ TL gemahlener Zimt

1 Vanilleschote

Topping nach Belieben

Chiasamen

Gojibeeren

Kakaonibs

Granatapfelkerne von
½ Granatapfel

2 Portionen 🍴

Zubereitung

Die Walnusskerne klein hacken und mit dem Buchweizen in eine
Schüssel geben. So viel Wasser dazugeben, dass beides gut
bedeckt ist. Beides über Nacht einweichen.

Am nächsten Morgen das Wasser abgießen. Den Apfel waschen,
vierteln und entkernen. Die Buchweizen-Nuss-Mischung mit Apfel,
Orangensaft, Kardamom und Zimt in einen Mixer geben. Die Vanilleschote längs aufschneiden und das Mark mit einem Messer
herauskratzen und dazugeben.

Alles in einem Mixer cremig pürieren. Je nach gewünschter
Konsistenz noch etwas Wasser dazugeben und untermixen. Den
Porridge anrichten und nach Belieben mit Chiasamen, Gojibee-
ren, Kakaonibs und Granatapfelkernen garnieren.

TIPP

Durch das Einweichen der Nüsse sind sie leichter verdaulich
und die Nährstoffe werden besser aufgenommen.

Power-Frühstücks-
BOWL MIT QUINOA

Viele kennen Quinoa nur als Beilage. Quinoa schmeckt aber auch süß zubereitet zum Frühstück sehr fein.

Zutaten

100 g Quinoa

200 ml ungesüßte Mandelmilch

5 Physalis

1 Kiwi

5 EL Kokosmilch aus der Dose

1 EL Kokosflocken

2 EL Ahornsirup

2 EL Chiasamen

2 Portionen

Zubereitung

Quinoa in einem Sieb mit heißem Wasser abspülen und abtropfen lassen. Die Mandelmilch in einem Topf aufkochen. Quinoa zur Mandelmilch geben und zugedeckt bei niedriger Hitze etwa 12 Minuten köcheln lassen. Anschließend den Topf vom Herd nehmen und Quinoa noch 10 Minuten quellen lassen.

Inzwischen die Physalis aus der Hülle lösen, waschen und halbieren. Die Kiwi schälen und in Würfel schneiden.

Kokosmilch, Kokosflocken, Ahornsirup und Chiasamen zum Quinoa geben und alles verrühren. Quinoa anrichten und mit Kiwi und Physalis garniert servieren.

TIPP

Anstelle von Physalis und Kiwi kann man auch frische Beeren nach Wahl und Saison verwenden.

Veganer Cashew-
MANDEL-JOGHURT MIT BEEREN

Dieser Joghurt mit frischen Sommerbeeren ist nicht nur für Veganer eine leckere Frühstücksalternative.

Zutaten

80 g geschälte Mandeln
(aus dem Backregal)

80 g Cashewkerne

4 Datteln

1 TL gemahlener Zimt

ca. 100 ml ungesüßte
Mandelmilch

1 Handvoll Beeren
(z. B. Erdbeeren, Blaubeeeren,
Johannisbeeren)

10 frische Minzeblätter

2 Portionen

Zubereitung

Die Mandeln und Cashewkerne in eine Schüssel geben, mit kaltem Wasser bedecken und über Nacht einweichen.

Am nächsten Morgen das Wasser abgießen, die Mandeln und Cashewkerne in einen Mixer geben. Die Datteln entsteinen. Datteln, Zimt und Mandelmilch dazugeben und alles gut durchmixen, bis eine cremige Konsistenz entsteht. Je nach gewünschter Konsistenz noch Mandelmilch dazugießen und noch einmal mixen.

Die Beeren verlesen. Die Minzeblätter waschen und trocken tupfen. Den Cashew-Mandel-Joghurt anrichten und mit den Beeren und Minzeblättern garnieren.

Power-Buchweizen
MIT BLAUBEEREN IM GLAS

Sieht toll aus und schmeckt sehr lecker. Der Buchweizen versorgt dich mit Energie und vielen Nährstoffen und macht dich fit für den Tag.

Zutaten

120 g Buchweizen

1 reife Banane

50 ml Kokosmilch aus der Dose

1 EL Chiasamen

100 g Blaubeeren

1 EL Gojibeeren

2 Portionen

Zubereitung

Den Buchweizen in eine Schüssel geben, mit kaltem Wasser bedecken und über Nacht einweichen.

Am nächsten Morgen das Wasser abgießen und den Buchweizen in einem Sieb mit kaltem Wasser abspülen und abtropfen lassen. Die Banane schälen, mit einer Gabel zerdrücken und unter den Buchweizen mischen. Die Kokosmilch und die Chiasamen dazugeben und alles verrühren.

Die Blaubeeren verlesen, eventuell waschen, abtropfen lassen und abwechselnd mit der Buchweizenmischung in zwei Gläser schichten. Die Gojibeeren darauf verteilen.

Warmer Amarant

MIT BIRNE UND WALNÜSSEN

Schmeckt nicht nur zum Frühstück, sondern ist auch als Snack für zwischendurch oder zum Mitnehmen ideal.

Zutaten

200 ml ungesüßte Mandelmilch

100 g Amarant

½ Apfel

1 Birne

1 EL Ahornsirup

Muskatnuss, frisch gerieben

1 TL gemahlener Zimt

1 Handvoll Walnusskerne

2 Portionen

Zubereitung

Die Mandelmilch in einem Topf aufkochen. Den Amarant dazugeben und alles kurz aufkochen, dann bei niedriger Hitze 15 Minuten köcheln lassen. Anschließend die Herdplatte abschalten und den Amarant 10 Minuten ausquellen lassen.

Inzwischen den Apfel und die Birne waschen, jeweils vierteln, das Kerngehäuse herausschneiden und die Viertel in kleine Würfel schneiden. Eine kleine Pfanne heiß werden lassen. Apfel- und Birnenwürfel, Ahornsirup, 1 Prise Muskat und Zimt zugeben und bei mittlerer Hitze 10–15 Minuten dünsten, gelegentlich umrühren.

Inzwischen die Walnusskerne hacken. Mit Amarant und dem Obstmus vermischen und anrichten.

TIPP

Amarant ist reich an Eisen und essenziellen Aminosäuren.

Acai-Smoothie-Bowl
MIT KOKOSMILCH

Acaibeeren kommen aus Südamerika und stehen dort regelmäßig auf dem Speiseplan. Sie wirken antioxidativ, also zellschützend, und sind sehr nährstoffreich.

Zutaten

1 große Banane

2 TK-Acaipads

100 ml Kokosmilch aus der Dose

½ TL gemahlener Zimt

1 EL Hanfsamen

Außerdem

1 EL Gojibeeren
(wahlweise Kakaonibs,
Chiasamen oder Mandel-
Granola, siehe S. 66)

2 Portionen

Zubereitung

Die Banane schälen, in Frischhaltefolie wickeln und über Nacht in den Gefrierschrank legen.

Die Acaipads 10 Minuten antauen lassen, dann die Pads aufschneiden. Das Acaimus mit Banane, Kokosmilch, Zimt und Hanfsamen in einen Mixer geben und so lange pürieren, bis die Mischung schön cremig ist.

Acai-Smoothie-Bowl auf zwei Schalen verteilen und mit Gojibeeren garniert servieren.

TIPP

Acaipads kann man im Internet bestellen oder in gut sortierten Bio-Läden kaufen.

Matcha-Chia-Pudding
MIT MANDELMILCH

Dieser Pudding ist eine Wunderwaffe gegen Müdigkeit. Die nährstoffreichen Chiasamen und das Matchapulver sind eine perfekte Kombination.

Zutaten

80 g Chiasamen

ca. 400 ml ungesüßte Mandelmilch

¼ TL Matchapulver

2 EL Kokosblütensirup

½ TL gemahlener Zimt

½ TL gemahlener Ingwer

Außerdem
1 Handvoll Beeren
(z. B. Blaubeeren und Himbeeren)

2 Portionen ❙❙

Zubereitung

Am Vorabend die Chiasamen mit der Mandelmilch in eine große Schüssel geben, verrühren und 10 Minuten quellen lassen, dabei immer wieder umrühren.

Das Matchapulver mit dem Kokosblütensirup in einem kleinen Schälchen glatt verrühren. Die Mischung zum Chia-Pudding geben und unterrühren. Den Pudding über Nacht in den Kühlschrank stellen.

Am nächsten Morgen den Pudding einmal durchrühren. Wenn er zu fest ist, etwas Mandelmilch einrühren. Den Pudding mit Zimt und Ingwer abschmecken. Die Beeren verlesen und den Pudding damit garniert servieren.

TIPP

Matchapulver gibt es in verschiedenen Qualitätsstufen und Preisklassen. Es muss nicht ein ganz teures sein, ein Pulver im mittleren Preisbereich tut es auch. Letztendlich benötigt man davon nur geringe Mengen.

Frühstücksflocken
GEBACKEN UND MIT BEEREN

Wenn morgens etwas Warmes zum Frühstück serviert wird, beginnt ein arbeitsreicher Tag viel angenehmer.

Zutaten

100 g Haferflocken

1 Banane

1 Apfel

1 Handvoll Blaubeeren

1 Handvoll Himbeeren

1 Handvoll Cranberrys

10 Walnusskernhälften
(wahlweise Mandelsplitter)

1 EL Chiasamen

1 EL Macapulver

1 TL gemahlener Zimt

100 ml ungesüßte Mandelmilch
(wahlweise Sojamilch)

2 Portionen

Zubereitung

Den Ofen auf 180 °C Ober-/Unterhitze vorheizen.

Die Haferflocken in eine feuerfeste Backform geben, mit heißem Wasser bedecken und etwa 10 Minuten einweichen, bis das Wasser aufgesogen ist.

Inzwischen die Banane schälen. Den Apfel waschen, vierteln und entkernen. Banane und Apfel klein schneiden und zu den Haferflocken in die Backform geben. Die Blau- und Himbeeren verlesen. Cranberrys, Walnusskerne, Chiasamen, Macapulver, Zimt und Mandelmilch dazugeben. Alles in der Form vermischen und im Backofen (mittlere Schiene) 20–25 Minuten backen. Aus dem Ofen nehmen und warm genießen.

TIPP
Wer es süßer mag, mischt vor dem Backen noch Ahornsirup nach Geschmack unter die Haferflocken.

Glutenfreie Buchweizen-
PANCAKES MIT MANGOSOSSE

Auch mit Buchweizenmehl lässt sich hervorragend backen. Bei diesem Rezept werden die Pancakes mit Beerenquark bestrichen und geschichtet.

Zutaten

Für den Teig

1 Banane

1 Vanilleschote

150 g Buchweizenmehl

2 Eier

1 TL Backpulver

2 TL gemahlener Zimt

200 ml ungesüßte Mandelmilch

2 TL Kokosöl

Für die Quarkfüllung

1 Handvoll Erdbeeren oder Himbeeren

400 g Magerquark

1 EL Ahornsirup

Für die Soßen

½ Mango

2 EL Ahornsirup

1 Handvoll Himbeeren

2 Portionen

Zubereitung

Für den Teig die Banane schälen und mit einer Gabel zerdrücken. Die Vanilleschote längs aufschneiden und das Mark mit einem Messer herauskratzen. Beides mit Buchweizenmehl, Eiern, Backpulver, Zimt und Mandelmilch in einer Schüssel mit dem Schneebesen glatt verrühren.

Aus dem Teig nach und nach 10 Pancakes backen. Dafür das Kokosöl in einer beschichteten Pfanne heiß werden lassen. 1 Schöpfkelle Teig hineingeben und bei mittlerer Hitze auf beiden Seiten jeweils 2 Minuten backen. Die Pancakes beiseitestellen.

Für die Füllung die Beeren verlesen. Die Beeren mit Quark, Ahornsirup und etwas Wasser im Mixer pürieren. Die Pancakes auf einer Seite damit bestreichen.

Für die Soßen die Mango schälen. Das Fruchtfleisch vom Stein schneiden, mit 1 Esslöffel Ahornsirup und etwas Wasser im Mixer pürieren. Die Beeren verlesen, mit 1 Esslöffel Ahornsirup und etwas Wasser pürieren. Die Himbeersoße als Spiegel auf Teller geben, die Pancakes darauf stapeln. Die Mangosoße über den Pancakes verteilen.

#HAUPTSPEISEN

Etwas Warmes zum Mittag- oder Abendessen ist zu jeder Jahreszeit genau das Richtige. In diesem Kapitel lernst du vielfältige Gerichte kennen, die mit Vitaminen und Mineralstoffen vollgepackt ganz schnell zubereitet sind und einfach ausgezeichnet schmecken. Welches davon wird wohl zu deinem Lieblingsessen?

Kürbis-Spinat-Dal
MIT INGWER UND CHILI

Ein feines Herbstgericht mit indischem Touch, vielen Vitaminen und Mineralstoffen.

Zutaten

100 g rote Linsen

1 rote Zwiebel

1 Knoblauchzehe

1 daumengroßes Stück frischer Ingwer

1 rote Chilischote

2 EL Olivenöl

½ TL Kurkumapulver

1 TL Meersalz

1 TL gemahlener Kümmel

1 TL Senfsamen

200 g Butternut-Kürbis (wahlweise Hokkaido- oder Muskat-Kürbis)

2 Handvoll Spinat

2 Portionen

Zubereitung

Die Linsen in einem Sieb mit heißem Wasser abspülen und abtropfen lassen. Inzwischen Zwiebel, Knoblauch und Ingwer schälen und jeweils klein schneiden. Die Chilischote längs aufschneiden, putzen, waschen und klein schneiden.

Olivenöl in einer Pfanne mit Deckel erhitzen, Zwiebel, Knoblauch und Chili darin 5 Minuten anbraten. Linsen, Ingwer, Kurkumapulver, Meersalz, Kümmel und Senfsamen dazugeben und kurz anbraten. Dann so viel Wasser dazugießen, dass die Linsen etwa zwei fingerbreit mit Wasser bedeckt sind. Den Deckel schräg auflegen und die Linsen bei mittlerer Hitze in etwa 8 Minuten garen.

Inzwischen den Kürbis schälen (Hokkaido-Kürbis nicht schälen!), entkernen und in kleine Würfel schneiden. Spinat putzen, waschen und abtropfen lassen. Den Kürbis zu den Linsen geben und unter gelegentlichem Rühren 12–15 Minuten köcheln lassen, bis er weich und das Wasser eingekocht ist. Den Spinat unterrühren und bei niedriger Hitze 3–5 Minuten weiterköcheln lassen.

Süßkartoffel-Spinat-
PFANNE MIT FRISCHEN FEIGEN

So kannst du ohne großen Aufwand schnell ein leckeres Gericht zaubern, das jedem schmeckt und supergut ohne Fleisch auskommt.

Zutaten

1 große Süßkartoffel

2 Knoblauchzehen

2 EL Olivenöl

100 g Champignons

2 Handvoll Spinat

Meersalz

Pfeffer

5 frische Feigen

6 schwarze Oliven ohne Stein

2 Portionen

Zubereitung

Die Süßkartoffel schälen und in kleine Würfel schneiden. Den Knoblauch schälen und ebenfalls klein würfeln.

Das Olivenöl in einer Pfanne erhitzen, den Knoblauch darin 2 Minuten anbraten. Die Süßkartoffelwürfel dazugeben und bei mittlerer Hitze in 10–15 Minuten weich braten.

Inzwischen die Champignons putzen, trocken abreiben und in Scheiben schneiden. Den Spinat putzen, waschen und abtropfen lassen. Dann mit den Pilzen zur Süßkartoffel geben und ein paar Minuten mit anbraten. Mit Meersalz und Pfeffer würzen.

Die Feigen waschen und klein schneiden. Die Oliven in Scheiben schneiden. Beides unter das Gemüse mischen und kurz erwärmen. Auf zwei Tellern anrichten und servieren.

TIPP

Anstelle von frischen Feigen kannst du getrocknete verwenden. Die sollten zuvor 1–2 Stunden in Wasser eingeweicht werden.

Blumenkohl-Cashew-
SUPPE MIT CURRY

Diese leicht indisch inspirierte Suppe wärmt an kalten Wintertagen von innen und ist optimal als Einstieg in eine Detox-Saftkur.

Zutaten

1 Blumenkohl

2 EL Olivenöl

1 Knoblauchzehe

1 kleine Zwiebel

½ Orange

100 ml Gemüsebrühe

1 EL Ahornsirup

1 TL Currypulver

½ TL Garam Masala
(indisches Gewürz)

½ TL Kurkumapulver

gemahlener Zimt

Meersalz

Pfeffer

1 TL Kokosöl

250 ml ungesüßte Mandelmilch

60 g Cashewkerne

2 Portionen

Zubereitung

Den Backofen auf 180 °C Ober-/Unterhitze vorheizen. Ein Backblech mit Backpapier auslegen.

Den Blumenkohl putzen, waschen und klein schneiden, dann auf dem Backblech verteilen und mit dem Olivenöl beträufeln. Im Backofen (mittlere Schiene) etwa 30 Minuten garen, bis er welch und leicht goldbraun wird.

Inzwischen Knoblauch und Zwiebel schälen und klein schneiden. Den Saft der Orange auspressen. Die Gemüsebrühe mit Ahornsirup, Currypulver, Garam Masala, Kurkumapulver, Orangensaft und 1 Prise Zimt verrühren. Die Mischung mit Meersalz und Pfeffer abschmecken.

Das Kokosöl in einem hohen Topf erhitzen, Knoblauch und Zwiebel darin in 2–3 Minuten glasig dünsten. Die Gewürzbrühe dazugießen und aufkochen. Den Blumenkohl aus dem Ofen nehmen. Mandelmilch, Cashewkerne und Blumenkohl in den Topf geben und alles kurz aufkochen. Den Topf vom Herd nehmen und die Suppe mit einem Pürierstab oder im Mixer sämig pürieren.

Süßkartoffelsuppe
MIT CURRY UND CHILI

Wer aus Süßkartoffeln noch keine Suppe gemacht hat, der hat einiges verpasst, denn geschmacklich eignet sich die Batate, wie sie auch genannt wird, sehr gut für Suppen.

Zutaten

1 Zwiebel

1 Knoblauchzehe

1 grüne Chilischote

2 Süßkartoffeln

1 Limette

2 EL Kokosöl

1 EL Currypulver

300 ml Kokosmilch aus der Dose

500 ml Gemüsebrühe

2 EL Ahornsirup

Meersalz

Pfeffer

1 Handvoll Spinat

80 g TK-Erbsen

2 Portionen

Zubereitung

Zwiebel und Knoblauch schälen und klein schneiden. Die Chilischote putzen, waschen und mit den Samen klein schneiden. Die Süßkartoffeln schälen und in kleine Stücke schneiden. Den Saft der Limette auspressen.

Das Kokosöl in einer großen Pfanne erhitzen, Zwiebel, Knoblauch und Chili darin 3 Minuten anbraten. Das Currypulver dazugeben und kurz mitbraten. Limettensaft, Kokosmilch, Gemüsebrühe, Süßkartoffeln, Ahornsirup, 1 Prise Meersalz und Pfeffer in die Pfanne geben. Alles zugedeckt bei mittlerer Hitze 20–30 Minuten köcheln lassen, bis die Süßkartoffeln weich sind.

Den Spinat putzen, waschen und abtropfen lassen. TK-Erbsen und Spinat in die Pfanne geben und alles weitere 5 Minuten köcheln lassen. Die Suppe mit Meersalz und Pfeffer abschmecken.

TIPP
Achte bei der Kokosmilch auf die Zutatenliste, sie sollte wirklich ohne Zusatzstoffe sein.

Quinoasalat
MIT GERÖSTETEM GEMÜSE

Quinoa ist ein Allroundtalent und vielseitig verwendbar, beispielsweise wie hier als Ergänzung im Salat.

Zutaten

Für den Salat

1 Zucchini

1 kleine Aubergine

2 EL Olivenöl

Meersalz

Pfeffer

70 g Quinoa

1 EL Pinienkerne

10 Kirschtomaten

Für das Dressing

1 Knoblauchzehe

1 Zitrone

Meersalz

2 EL Olivenöl

10 Basilikumblätter

10 Minzeblätter

2 Portionen

Zubereitung

Den Backofen auf 220 °C Ober-/Unterhitze vorheizen. Ein Backblech mit Backpapier auslegen.

Zucchini und Aubergine putzen, waschen und in Würfel schneiden. Beides auf das Backblech legen und mit Olivenöl beträufeln. Mit Meersalz und Pfeffer würzen. Das Gemüse im Backofen (mittlere Schiene) 20 Minuten backen oder in der Pfanne anrösten.

Inzwischen Quinoa in einem Sieb mit heißem Wasser abspülen und abtropfen lassen. Quinoa mit 150 ml Wasser in einem Topf aufkochen, dann bei mittlerer Hitze etwa 12 Minuten köcheln lassen, bis das Wasser aufgesogen ist.

Die Pinienkerne in einer beschichteten Pfanne ohne Fett bei mittlerer Hitze goldbraun rösten. Die Pinienkerne herausnehmen und zum Abkühlen auf einen Teller geben. Die Kirschtomaten waschen und halbieren. Mit dem noch warmen Quinoa, Gemüse und Pinienkernen in eine Schüssel geben und alles vorsichtig vermischen.

Für das Dressing den Knoblauch schälen und klein schneiden. Den Saft der Zitrone auspressen. Zitronensaft mit Meersalz, Knoblauch und Olivenöl verrühren und den Salat damit anmachen. Bei Bedarf den Salat mit Salz und Pfeffer abschmecken. Basilikum und Minze waschen, trocken tupfen, klein zerzupfen und den Salat damit garnieren.

Wildreis-Rucola-Salat

MIT GETROCKNETEN KIRSCHEN

Reis ist eine ideale Basis für Salate jeder Art. Außerdem enthält Wildreis oder Naturreis mehr Ballaststoffe und sättigt besser als weißer Reis.

Zutaten

Für den Salat
Meersalz
150 g Wildreis
60 g Mandelblättchen
100 g Rucola
20 g Basilikum
40 g Fetakäse
60 g getrocknete Kirschen

Für das Dressing
1 Knoblauchzehe
1 Zitrone
1 TL mittelscharfer Senf
Meersalz
Pfeffer
1 TL Ahornsirup
50 ml Olivenöl

2 Portionen

Zubereitung

350 ml Salzwasser aufkochen, den Wildreis dazugeben und zugedeckt bei niedriger Hitze etwa 25 Minuten garen, bis die Flüssigkeit vollständig aufgesogen ist. Danach etwas abkühlen lassen.

Inzwischen die Mandelblättchen in einer beschichteten Pfanne ohne Fett bei mittlerer Hitze goldbraun rösten. Dabei häufig wenden. Die Mandelblättchen zum Abkühlen auf einen Teller geben.

Rucola und Basilikum waschen und trocken schütteln. Beides grob zerkleinern. Den Fetakäse in Würfel schneiden. Für das Dressing den Knoblauch schälen und klein schneiden. Den Saft der Zitrone auspressen. Zitronensaft mit Senf, Meersalz, Pfeffer, Knoblauch und Ahornsirup verrühren. Das Olivenöl mit einem Schneebesen unterschlagen.

Den Wildreis in eine große Schüssel geben. Rucola, Basilikum, Mandelblättchen, getrocknete Kirschen und Fetatkäse dazugeben und alles vorsichtig vermischen. Den Salat mit dem Dressing anmachen und 10 Minuten ziehen lassen.

Berglinsensalat
MIT MÖHREN UND KARTOFFELN

Ob braun, gelb oder rot, Linsen sind ein gute pflanzliche Proteinquelle und lassen sich auf verschiedene Arten warm und kalt zubereiten.

Zutaten

Für die Linsen

2 mittlere Kartoffeln

2 große Möhren

2 EL Olivenöl

Meersalz

Pfeffer

100 g braune Linsen

175 ml Gemüsebrühe

Für das Dressing

2 Knoblauchzehen

1 Zitrone

1 Handvoll Petersilienblätter

Meersalz

Pfeffer

2 EL Olivenöl

2 Portionen

Zubereitung

Den Backofen auf 220 °C Ober-/Unterhitze vorheizen. Ein Backblech mit Backpapier auslegen.

Kartoffeln und Möhren gut waschen, ungeschält in kleine Würfel schneiden und auf das Backblech legen. Mit Olivenöl beträufeln und mit Meersalz und Pfeffer würzen. Beides im Backofen (mittlere Schiene) etwa 30 Minuten backen, dabei das Gemüse zwischendurch wenden. Danach das Gemüse aus dem Ofen nehmen.

Inzwischen die Linsen in einem Sieb mit heißem Wasser abspülen und abtropfen lassen. Gemüsebrühe und Linsen in einem großen Topf aufkochen, dann zugedeckt bei mittlerer Hitze etwa 30 Minuten köcheln lassen, bis die Linsen schön weich sind. Danach die Linsen beiseitestellen.

Für das Dressing den Knoblauch schälen und grob schneiden. Den Saft der Zitrone auspressen. Die Petersilie waschen, trocken tupfen und hacken. Zitronensaft mit Meersalz, Pfeffer, Knoblauch und Petersilie verrühren. Das Olivenöl unterschlagen. Linsen und Gemüse in einer Schüssel mischen. Den Salat mit dem Dressing anmachen und 10 Minuten ziehen lassen.

Zoodles mit cremiger
MANDEL-PAPRIKA-SOSSE

Wer Zoodles noch nicht kennt – das sind Nudeln aus Zucchini, die man mit einem Spiralschneider oder Sparschäler selber herstellt –, sollte sie unbedingt kennenlernen.

Zutaten

1 kleine Zwiebel

1 Knoblauchzehe

1 kleine rote Chilischote

2 rote Paprikaschoten

2 EL Olivenöl

50 g Mandelmus

150 ml ungesüßte Mandelmilch

3 große Zucchini

Meersalz

Pfeffer

2 Portionen

Zubereitung

Die Zwiebel und den Knoblauch schälen und in kleine Würfel schneiden. Die Chilischote putzen, waschen und je nach gewünschter Schärfe mit den Samen klein hacken. Die Paprika halbieren, putzen, waschen und in kleine Würfel schneiden.

1 Esslöffel Olivenöl in einer Pfanne erhitzen, Zwiebel, Knoblauch und Chili darin 2 Minuten andünsten. Die Paprikawürfel dazugeben und 4 Minuten mitdünsten. Die Paprika-Zwiebel-Mischung mit Mandelmus und Mandelmilch in einen Mixer geben und so lange pürieren, bis eine cremige Soße entsteht.

Die Zucchini waschen, putzen und mit einem Spiralschneider oder Sparschäler in dünne lange Streifen schneiden. 1 Esslöffel Olivenöl in einer Pfanne erhitzen, die Zucchinistreifen darin unter Wenden in etwa 3 Minuten bissfest dünsten. Mit Meersalz und Pfeffer würzen. Die Zoodles auf zwei Teller geben und mit der Mandel-Paprika-Soße servieren.

TIPP

Diese Variante ist nicht nur lecker, sondern auch Low Carb und leicht bekömmlich. Wer möchte, kann die Zoodles aber auch mit frischer Tomaten- oder Hackfleischsoße zubereiten.

Vegetarisches
QUINOA-CHILI

Wo Fitness draufsteht, sollte auch Fitness drin sein. Das ist bei Quinoa der Fall, denn der ist reich an lebenswichtigen Fettsäuren und Proteinen.

Zutaten

100 g Quinoa

½ Zwiebel

1 Knoblauchzehe

1 rote Chilischote

1 Möhre

2 Tomaten

1 EL Olivenöl

250 g passierte Tomaten aus dem Tetrapak

500 ml Gemüsebrühe

1 TL gemahlener Kümmel

1 TL Paprikapulver

Meersalz

Pfeffer

200 g schwarze oder weiße Bohnen, vorgekocht oder aus der Dose

1 Avocado

1 Handvoll Petersilienblätter

½ Zitrone

2 Portionen

Zubereitung

Quinoa in einem Sieb mit heißem Wasser abspülen und abtropfen lassen. Mit 250 ml Wasser aufkochen, dann bei geringer Hitze etwa 12 Minuten köcheln lassen, bis das Wasser aufgesogen ist.

Inzwischen Zwiebel und Knoblauch schälen und in kleine Würfel schneiden. Die Chilischote putzen, waschen und mit den Samen klein hacken. Die Möhre schälen und klein schneiden. Die Tomaten waschen, von den Stielansätzen befreien und klein schneiden.

Olivenöl in einer großen Pfanne erhitzen, Zwiebel, Knoblauch und Chili darin 2 Minuten anbraten. Frische Tomaten und passierte Tomaten dazugeben und kurz mitbraten. Mit Brühe aufgießen, alles verrühren und aufkochen. Mit Kümmel, Paprikapulver, Meersalz und Pfeffer würzen. Alles zugedeckt bei mittlerer Hitze 10 Minuten köcheln lassen. Quinoa dazugeben und unterrühren.

Die Bohnen in einem Sieb abspülen und gut abtropfen lassen. Die Bohnen zum Chili geben und 5 Minuten mitkochen. Die Avocado halbieren und den Stein entfernen. Die Hälften schälen und das Fruchtfleisch klein würfeln. Die Petersilie waschen, trocken tupfen und klein hacken. Den Saft der Zitrone auspressen. Zitronensaft, Avocado und Petersilie unter das Chili rühren.

TIPP

Dieses vegetarische Chili lässt sich für mehrere Personen zubereiten und ist eine leckere Variante zum beliebten Chili con Carne.

Wildkräutersalat
MIT ANANAS UND HÄHNCHENBRUST

Ananas und Avocado mit Hähnchenbrust ist eine superleckere Kombination. Und jede Zutat enthält viele Nährstoffe, die dir guttun.

Zutaten

3 Handvoll Wildkräutersalat

200 g Cocktailtomaten

1 Avocado

4 Scheiben frische Ananas

1 EL Kokosöl

2 Hähnchenbrustfilets à 150 g

Meersalz

Pfeffer

2 EL Apfelessig

1 EL Olivenöl

2 Portionen

Zubereitung

Den Salat verlesen, waschen, trocken schleudern und mundgerecht zerzupfen. Die Tomaten waschen und halbieren. Die Avocado halbieren und den Stein entfernen. Das Fruchtfleisch mit einem Löffel aus der Schale lösen und in Würfel schneiden. Salat, Tomaten und Avocado in eine Schüssel geben.

Die Ananasscheiben schälen. Eine Pfanne heiß werden lassen. Die Scheiben darin auf jeder Seite 1–2 Minuten anbraten, bis sie leicht angebräunt sind. Dann herausnehmen.

Die Hähnchenbrustfilets salzen und pfeffern, dann in dieselbe Pfanne geben und auf jeder Seite 5 Minuten braten. Anschließend herausnehmen und in Scheiben schneiden.

Für das Dressing Essig mit Olivenöl, Salz und Pfeffer verrühren. Das Dressing unter den Salat mischen. Den Salat auf zwei Tellern anrichten. Ananas und Hähnchenbrustscheiben darauflegen und den Salat servieren.

TIPP

Man kann auch jeden anderen Salat verwenden, doch der Wildkräutersalat hat ein ganz besonderes Aroma.

Buchweizen mit
SCHWARZEN BOHNEN UND ZUCCHINI

Wer schon das eine oder andere Rezept mit Buchweizen ausprobiert hat, stellt fest, dass er leicht verdaulich ist. Außerdem versorgt er dich mit vielen Nährstoffen.

Zutaten

Für den Buchweizen
100 g getrocknete schwarze Bohnen

150 g Buchweizen

3 EL Sojasoße

2 Zucchini

Für das Dressing
1 Limette

1 EL Olivenöl

1 EL Sojasoße

Meersalz

Pfeffer

2 Portionen

Zubereitung

Die schwarzen Bohnen nach Packungsangabe vorbereiten und garen (in etwa 2 Stunden).

Den Buchweizen in einem Sieb mit kaltem Wasser abspülen und abtropfen lassen. Buchweizen, 300 ml Wasser und Sojasoße in einem großen Topf aufkochen, dann bei mittlerer Hitze 10 Minuten köcheln lassen.

Die Zucchini waschen, putzen und mit einem Sparschäler in dünne Streifen schneiden. Zucchinistreifen und Bohnen zum Buchweizen geben, unterrühren und 3–5 Minuten köcheln lassen, bis das Wasser aufgebraucht ist.

Inzwischen für das Dressing den Saft der Limette auspressen. Den Limettensaft mit Olivenöl, Sojasoße, Meersalz und Pfeffer verrühren und über dem Buchweizengericht verteilen.

TIPP

Getrocknete Bohnen haben eine lange Garzeit. Entweder man weicht sie über Nacht ein und verkürzt so die Garzeit oder man kocht die Bohnen einfach vor. Die Garzeit beträgt dann je nach Packungsangabe 1 ½ bis 2 Stunden.

Belugalinsen
MIT INGWER UND RÖSTGEMÜSE

Die kleinen schwarzen Belugalinsen sorgen für Abwechslung auf dem täglichen Speiseplan und enthalten viel Eisen.

Zutaten

Für die Linsen

100 g Belugalinsen

1 daumengroßes Stück frischer Ingwer

450 ml Gemüsebrühe

½ Aubergine

½ Süßkartoffel

10 Champignons

2 EL Olivenöl

Meersalz

Pfeffer

Für das Dressing

1 Zitrone

1 EL Olivenöl

1 EL Tamarindenpaste

Meersalz

Pfeffer

2 Portionen

Zubereitung

Den Backofen auf 180 °C Ober-/Unterhitze vorheizen. Ein Back-blech mit Backpapier auslegen.

Die Linsen in einem Sieb mit heißem Wasser abspülen und ab-tropfen lassen. Den Ingwer schälen und klein hacken.

Ingwer, Linsen und Gemüsebrühe in einem Topf aufkochen, dann zugedeckt 30 Minuten köcheln lassen, bis die Linsen weich sind. Danach die Linsen beiseitestellen.

Inzwischen die Aubergine waschen, putzen, halbieren und in kleine Würfel schneiden. Die Süßkartoffel schälen und klein würfeln. Die Champignons putzen, trocken abreiben und vierteln.

Aubergine und Süßkartoffel auf dem Backblech verteilen und mit Olivenöl beträufeln. Mit Meersalz und Pfeffer würzen. Im Backofen (mittlere Schiene) in etwa 20 Minuten garen, zwischendurch wenden. Nach 15 Minuten die Champignons dazugeben. Dann das Gemüse herausnehmen und mit den Linsen vermischen.

Für das Dressing den Saft der Zitrone auspressen. Mit Olivenöl, Tamarindenpaste, Meersalz und Pfeffer verrühren und über dem Linsengericht verteilen.

TIPP

Tamarindenpaste gibt es in jedem Asienladen oder man bestellt sie im Internet.

Zucchini-Carpaccio
MIT FETA UND KRÄUTER-VINAIGRETTE

Ein sommerlicher Genuss – als Vorspeise oder Beilage, auch für Gäste zum Brunch oder zu einem Grillabend.

Zutaten

3 Zucchini

50 g Pinienkerne

3 Frühlingszwiebeln

1 Handvoll Basilikumblätter

1 Handvoll Petersilienblätter

1 Knoblauchzehe

½ Zitrone

50 ml Olivenöl

1 EL Apfelessig

1 EL Ahornsirup

Meersalz

Pfeffer

100 g Fetakäse

2 Portionen

Zubereitung

Die Zucchini waschen und mit einem Hobel in ganz dünne Scheiben schneiden. Die Zucchinischeiben dachziegelartig auf einer großen Platte anrichten.

Die Pinienkerne in einer beschichteten Pfanne ohne Fett bei mittlerer Hitze goldbraun rösten. Die Pinienkerne herausnehmen und zum Abkühlen auf einen Teller geben.

Die Frühlingszwiebeln putzen, waschen und in dünne Streifen schneiden. Basilikum und Petersilie waschen, trocken tupfen und klein hacken. Den Knoblauch schälen und klein schneiden. Den Saft der Zitrone auspressen.

Basilikum, Petersilie, Knoblauch, Zitronensaft, Olivenöl, Essig, Ahornsirup, Meersalz und Pfeffer in ein hohes Rührgefäß geben und mit einem Pürierstab zu einer Vinaigrette pürieren.

Den Fetakäse zerkrümeln und mit den Frühlingszwiebeln auf dem Carpaccio verteilen. Die Kräuter-Vinaigrette darauf verteilen.

TIPP

Verwende immer ein hochwertiges Olivenöl. Das teurere Olivenöl hat eine wesentlich bessere Qualität als preiswertes. Wie viel du letztendlich bezahlen möchtest, bleibt aber dir überlassen.

Limetten-
AVOCADO-SUPPE MIT GARNELEN

Eine Suppe aus Avocado hört sich ungewöhnlich an, doch die grüne Frucht mit den vielen gesunden Fetten ist eine perfekte Zutat dafür.

Zutaten

1 kleine Zwiebel

1 Knoblauchzehe

1 kleine rote Chilischote

Olivenöl

500 ml Gemüsebrühe

100 ml Kokosmilch aus der Dose

1 Avocado

1 Limette

150 g Eismeer-Garnelen

roter Pfeffer, frisch gemahlen

Meersalz

1 Handvoll Petersilienblätter

2 Portionen

Zubereitung

Zwiebel und Knoblauch schälen und klein schneiden. Die Chilischote putzen, waschen und mit den Samen klein schneiden.

1 Esslöffel Olivenöl in einem Topf erhitzen, Zwiebel, Knoblauch und Chili darin 2 Minuten anbraten. Gemüsebrühe und Kokosmilch dazugießen, aufkochen und 5 Minuten köcheln lassen.

Die Avocado halbieren und den Stein entfernen. Das Fruchtfleisch mit einem Löffel aus der Schale lösen. Den Saft der Limette auspressen. Avocado und Limettensaft zur Brühe geben und alles weitere 5 Minuten köcheln lassen.

Dann den Topf beiseitestellen und die Suppe mit einem Pürierstab oder im Mixer pürieren. Die Garnelen kalt abspülen und abtropfen lassen. Etwas Olivenöl in einer Pfanne erhitzen, die Garnelen darin 3 Minuten anbraten. Mit rotem Pfeffer und Meersalz würzen.

Die Petersilie waschen, trocken tupfen und klein hacken. Die Suppe mit Meersalz würzen, mit Eismeer-Garnelen und Petersilie garnieren und servieren.

TIPP

Wenn du die Avocado am gleichen oder am nächsten Tag verwenden möchtest, dann achte beim Kauf darauf, dass sie bei einem Druck mit dem Daumen oben am Strunk leicht nachgibt.

Papaya-Hirse-Salat

MIT KÜRBISKERNEN

Dieser leckere Salat mit exotischem Touch sättigt gut und versorgt dich mit wertvollen Nährstoffen.

Zutaten

Für den Salat

100 g Hirse

Meersalz

1 Zwiebel

1 kleine Papaya

20 g Walnusskerne

2 frische Feigen

1 Bund Petersilie

10 Minzeblätter

20 g Kürbiskerne

20 g Kokosraspel

200 g Rucola

Für das Dressing

1 Knoblauchzehe

2 TL mittelscharfer Senf

2 TL Honig

2 TL Avocadoöl

½ TL Chiliflocken

2 Portionen 🍴

Zubereitung

Die Hirse in einem Sieb mit heißem Wasser abspülen und abtropfen lassen. 250 ml Wasser in einem Topf aufkochen. Hirse und 1 Prise Meersalz dazugeben und bei niedriger Hitze 10–15 Minuten köcheln lassen, bis das Wasser fast aufgebraucht ist.

Inzwischen die Zwiebel schälen und klein würfeln. Die Papaya schälen, halbieren, entkernen und in Würfel schneiden. 1–2 Esslöffel Papayakerne für das Dressing beiseitelegen. Die Walnusskerne klein hacken. Die Feigen waschen und klein schneiden. Petersilie und Minze waschen, trocken tupfen und grob hacken.

Die Hirse mit einer Gabel auflockern und mit Zwiebel, Papaya, Walnusskernen, Feigen, Petersilie, Minze, Kürbiskernen und Kokosraspeln vermischen.

Für das Dressing den Knoblauch schälen und klein würfeln. Mit Papayakernen, Senf, Honig, Avocadoöl, 6 Teelöffeln Wasser und Chiliflocken im Mixer zu einem Dressing pürieren.

Den Rucola putzen, waschen, trocken schleudern und auf einem flachen Teller verteilen. Den Papaya-Hirse-Salat daraufgeben und das Dressing auf dem Salat verteilen.

TIPP

Um Dressings oder Marinaden herzustellen, ist ein kleiner Mixer optimal. Oft gibt es auch zum Pürierstab-Set einen kleinen Behälter mit Messer, der dafür ideal ist.

Gefüllte Paprikaschoten
MIT WALNUSS-SOSSE

Dieses Gericht habe ich auf einer Mexikoreise entdeckt, mir das Rezept geben lassen und zu Hause sofort nachgekocht. Es schmeckt einfach göttlich!

Zutaten

Für die Paprikaschoten

2 grüne Paprikaschoten

1 Knoblauchzehe

1 Zwiebel

150 g Tomaten, ½ Apfel

Olivenöl

200 g Rindertatar

1 EL gehackte Mandeln

1 EL Rosinen

1 EL Pinienkerne

4 Nelken, frisch gemahlen

Meersalz, Pfeffer

Für die Soße

100 ml Kokosmilch aus der Dose

70 g weicher Ziegenkäse

25 g Walnusskerne

25 g Cashewkerne

2 Datteln ohne Steine

½ TL gemahlener Zimt

1 EL Granatapfelkerne

2 Portionen

Zubereitung

Den Backofen auf 180 °C Ober-/Unterhitze vorheizen.

Die Paprikaschoten waschen und jeweils den Strunk abschneiden. Samen und weiße Trennwände im Inneren entfernen. Knoblauch und Zwiebel schälen und in Würfel schneiden. Die Tomaten waschen und klein schneiden. Den Apfel entkernen und würfeln.

Etwas Olivenöl in eine große beschichtete Pfanne geben und heiß werden lassen. Rindertatar, Zwiebel und Knoblauch dazugeben und bei mittlerer Hitze kurz anschwitzen. Die Herdplatte ausschalten, Tomaten, Mandeln, Rosinen und Pinienkerne dazugeben. Alles gut verrühren und anschließend mit gemahlener Nelke, Meersalz und Pfeffer würzen. Die Paprikaschote mit der Masse füllen, auf ein Backblech setzen und im Backofen (mittlere Schiene) in 25 Minuten garen.

Inzwischen Kokosmilch, Ziegenkäse, Nüsse, Datteln und Zimt in einen Mixer oder eine Küchenmaschine geben und cremig pürieren.

Die Paprikaschote aus dem Ofen nehmen und auf zwei Tellern anrichten. Die Walnuss-Soße darauf verteilen. Die Paprikaschoten mit den Granatapfelkernen bestreut servieren.

Kabeljau
MIT GRIECHISCHEM MINZEJOGHURT

Kabeljau ist reich an Jod und außerdem leicht verdaulich und schnell zubereitet.

Zutaten

2 Kabeljaufilets à 200 g

Meersalz

Pfeffer, frisch gemahlen

1 TL getrockneter Oregano

½ Gemüsegurke

1 Schalotte

12 schwarze Oliven

1 Handvoll Minzeblätter

½ Limette

200 g griechischer Joghurt

1 EL Olivenöl

2 Portionen

Zubereitung

Die Kabeljaufilets waschen und mit einem Küchentuch trocken tupfen. Die Filets mit Meersalz, Pfeffer und Oregano auf beiden Seiten kräftig würzen.

Die Gurke und Schalotte schälen und beides in kleine Würfel schneiden. Die Oliven entsteinen und klein schneiden. Die Minzeblätter waschen, trocken tupfen und klein hacken. Den Saft der Limette auspressen. Den Joghurt mit Minze, Gurkenwürfeln, Schalotte, Oliven und Limettensaft verrühren.

Das Olivenöl in einer Pfanne erhitzen, die Kabeljaufilets darin bei mittlerer Hitze auf jeder Seite 4–5 Minuten braten, bis die Filets glasig sind. Die Kabeljaufilets anrichten und den Minzejoghurt extra dazu servieren.

TIPP

Achte beim Einkauf von Kabeljau darauf, dass er in der Ostsee gefangen wurde. Denn nur dort findet nachhaltige Fischerei statt.

Butternut-Kürbis

MIT AVOCADOMOUSSE

Ein tolles Rezept für den Herbst, bei dem der Kürbis im Ofen geröstet und danach gefüllt wird. Die Zutaten sind voller lebenswichtiger Nährstoffe.

Zutaten

1 Butternut-Kürbis

100 g Quinoa

1 EL Apfelessig

1 EL Tahini (Sesammus)

1 TL getrocknete Kräuter der Provence

1 Avocado

1 Handvoll Basilikumblätter

20 g Pinienkerne

1 EL Olivenöl

Meersalz

Pfeffer

2 Portionen

Zubereitung

Den Backofen auf 180 °C Ober-/Unterhitze vorheizen. Ein Backblech mit Backpapier auslegen.

Den Kürbis halbieren und mit einem Löffel entkernen. Die Kürbishälften auf das Backblech setzen und im Backofen (mittlere Schiene) etwa 1 Stunde rösten.

Inzwischen Quinoa in einem Sieb mit heißem Wasser abspülen und abtropfen lassen. Quinoa mit 200 ml Wasser aufkochen, dann bei niedriger Hitze etwa 12 Minuten köcheln lassen, bis das Wasser aufgesogen ist. Kurz vor dem Ende der Garzeit Apfelessig und Tahini unterrühren. Quinoa mit den Kräutern der Provence abschmecken.

Die Avocado halbieren und den Stein entfernen. Die Avocadohälften schälen. Basilikum waschen und trocken tupfen. Avocado mit Basilikum, Pinienkernen und Olivenöl pürieren. Die Mousse mit Meersalz und Pfeffer würzen. Die Kürbishälften anrichten, mit Quinoa füllen und die Avocadomousse darauf verteilen.

#DRINKS UND SMOOTHIES

Hier findest du Rezeptideen zu Smoothies und anderen Getränken. Die Drinks kannst du jederzeit und über den Tag verteilt trinken. Die Smoothies sind dagegen eher als eine Mahlzeit gedacht und lassen sich gut in einer Glasflasche transportieren.

Superfood-Detox-
SMOOTHIE MIT GOJIBEEREN

Einer der beliebtesten Smoothies, der dir zum Start in den Tag jede Menge Energie liefert.

Zutaten

2 Bananen

1 Orange

1 daumengroßes Stück frischer Ingwer

150 ml ungesüßte Mandelmilch

2 EL Gojibeeren

1 EL Chiasamen

50 g Hanfsamen

2 Portionen

Zubereitung

Die Bananen schälen, in Frischhaltefolie wickeln und über Nacht in den Gefrierschrank legen.

Den Saft der Orange auspressen. Dann den Ingwer schälen. Orangensaft, Ingwer, Mandelmilch, Gojibeeren, Chiasamen und Hanfsamen in einen Mixer geben und etwa 45 Sekunden pürieren. Je nach Konsistenz des Smoothies noch etwas Wasser hinzufügen und untermixen.

TIPP

Die Bananen etwa 10 Minuten bei Zimmertemperatur antauen lassen. Dann ist das Pürieren im Mixer wesentlich leichter.

Matchapulver-Eistee
MIT FRISCHER MINZE

Frische Minze und Matchapulver lassen sich gut für einen Drink kombinieren und schmecken einfach himmlisch!

Zutaten

2 Handvoll Eiswürfel

1 TL Matchapulver

2 EL Ahornsirup

1 Bio-Limette

1 Handvoll frische Minzeblätter

Eiswürfel

2 Portionen

Zubereitung

500 ml kaltes Wasser oder 2 Handvoll Eiswürfel, Matchapulver und Ahornsirup in einen Mixer geben und auf höchster Stufe etwa 45 Sekunden mixen.

Den Eistee in eine Karaffe füllen. Die Limette halbieren, den Saft von ½ Limette auspressen und zum Eistee geben. Den Eistee in den Kühlschrank stellen. Den Rest der Limette in Scheiben schneiden. Die Minze waschen und trocken tupfen. Zum Servieren den Eistee mit Eiswürfeln in Gläser füllen, mit Limettenscheiben und Minzeblättern garnieren.

Sommerbeeren- SMOOTHIE

Dieser erfrischende Muntermacher-Smoothie mit leckeren Beeren ist genau das Richtige für heiße Sommertage.

Zutaten

150 g Himbeeren

200 g Erdbeeren

½ Banane

250 ml ungesüßte Mandelmilch

200 g Eiswürfel

2 Portionen

Zubereitung

Die Himbeeren verlesen. Die Erdbeeren waschen, putzen und abtropfen lassen. Die Banane schälen.

Himbeeren, Erdbeeren, Banane, Mandelmilch und Eiswürfel in einen Mixer geben und etwa 45 Sekunden pürieren. Je nach Konsistenz noch etwas Wasser hinzufügen und untermixen.

TIPP

Wer es etwas süßer haben möchte, mixt etwas Kokosblütensirup unter den Smoothie. Das natürliche Süßungsmittel hat viele Nährstoffe und ist im Reformhaus oder Bio-Laden erhältlich.

Mandelmilch
SELBER MACHEN (GRUNDREZEPT)

Diese Mandelmilch kannst du pur trinken oder als Basis für Suppen, Soßen oder Smoothies verwenden.

Zutaten

4 Datteln

150 g geschälte Mandeln aus dem Backregal

1 EL natives Leinöl

2 EL Ahornsirup

2 Portionen

Zubereitung

Die Datteln entsteinen. Datteln, Mandeln, Leinöl, 700 ml Wasser und Ahornsirup in einen Mixer geben und etwa 2 Minuten pürieren. Dann etwa 20 Minuten stehen lassen und danach alles noch einmal 30–45 Sekunden mixen.

Die Mischung durch ein Passiertuch drücken, dabei die Mandel- milch in einem Behälter auffangen. Anschließend die feste Masse im Passiertuch wegwerfen.

TIPP

Ein Passiertuch oder Tuchsieb gibt es in jedem Haushaltswaren- laden oder auch im Internet.

Schoko-Power-Smoothie
MIT ORANGENSAFT

Morgenstund hat Gold im Mund. Wenn die Mischung stimmt, dann leuchtet dieser Smoothie hellgelb.

Zutaten

3 Orangen

1 Banane

1 TL schwach entöltes Kakaopulver

½ TL Macapulver

2 Portionen 🍴

Zubereitung

Den Saft der Orangen auspressen. Die Banane schälen und in Stücke schneiden.

Orangensaft, 200 ml Wasser, Bananenstücke, Kakao- und Macapulver in einen Mixer geben und etwa 45 Sekunden mixen. Je nach gewünschter Konsistenz noch etwas Wasser hinzufügen und untermixen.

TIPP

Verwende Kakaopulver, dem kein Industriezucker zugefügt wurde. Es gibt verschiedene Sorten – von schwach bis stark entölt. Ich verwende immer schwach entöltes Kakaopulver, das löst sich in Smoothies besser auf.

Immunsystem-
BOOSTER-SMOOTHIE

Ein toller Smoothie für kalte Tage. Grünkohl, den es hauptsächlich in den Wintermonaten gibt, ist reich an antioxidativ wirkenden Vitaminen und Mineralstoffen, die deine Zellen schützen.

Zutaten

¼ Gurke

200 g Staudensellerie

½ Apfel

1 Handvoll Grünkohl

1 Banane

½ Avocado

1 TL Spirulinapulver

1 TL Leinsamen

1 TL Chiasamen

1 TL Kakaonibs

4 Paranusskerne

2 Portionen

Zubereitung

Gurke, Staudensellerie, Apfel und Grünkohl waschen. Staudensellerie und Grünkohl putzen. Die Banane schälen. Die Avocadohälfte vom Stein befreien und das Fruchtfleisch mit einem Löffel aus der Schale lösen.

Die vorbereiteten Zutaten mit Spirulinapulver, Leinsamen, Chiasamen, Kakaonibs, Paranusskernen und 200 ml Wasser in einen Mixer geben und auf höchster Stufe etwa 45 Sekunden pürieren. Je nach gewünschter Konsistenz noch etwas Wasser hinzufügen und untermixen.

Spirulina-Protein- SMOOTHIE

Dieser Smoothie hat es in sich. Spinat und Spirulinapulver verleihen dem Smoothie eine dunkelgrüne Farbe.

Zutaten

1 Banane

1 Handvoll Spinat

200 g griechischer Joghurt

½ TL Spirulinapulver

400 ml Kokoswasser

1 EL Kokosblütensirup

2 Portionen

Zubereitung

Die Banane schälen und in Stücke schneiden. Den Spinat putzen, waschen und abtropfen lassen.

Bananenstücke, Spinat, Joghurt, Spirulinapulver, Kokoswasser und Kokosblütensirup in einen Mixer geben und etwa 45 Sekunden pürieren. Je nach gewünschter Konsistenz noch etwas Wasser hinzufügen und untermixen.

TIPP

Griechischen Joghurt gibt es mit unterschiedlichem Fettgehalt. Letztlich entscheidet der Geschmack, ob du dich für den mit 10,5 oder 0,2 Prozent Fett entscheidest.

Guten-Morgen-Smoothie
MIT VANILLE UND MATCHA

Ein Smoothie mit Matchapulver macht dich morgens fit und sorgt für einen Start in den Tag voller Elan und Power.

Zutaten

2 Bananen

1 Vanilleschote

300 ml ungesüßte Mandelmilch

1–2 EL Matchapulver

1 EL Kokosblütensirup

2 Portionen

Zubereitung

Die Bananen schälen, in Frischhaltefolie wickeln und über Nacht in den Gefrierschrank legen.

Die Vanilleschote längs aufschneiden und das Mark mit einem Messer herauskratzen. Vanillemark, Bananen, Mandelmilch, Matchapulver und Kokosblütensirup in einen Mixer geben und etwa 45 Sekunden pürieren. Je nach Konsistenz noch etwas Wasser hinzufügen und untermixen.

TIPP

Alternativ zum Vanillemark gibt es kleine Vanillemühlen zu kaufen, die granulierte Vanilleschoten enthalten. Diese werden dann bei Bedarf frisch gemahlen.

grünes Detox-
WASSER MIT INGWER

Das Detox-Wasser ist der perfekte Sommerdrink!
Genieße es in kleinen Schlucken und am besten eiskalt.

Zutaten

½ Gurke

1 grüner Apfel
(z. B. Granny Smith)

10 Minzeblätter

1 daumengroßes Stück
frischer Ingwer

1 Limette

1 kleine Messerspitze
Cayennepfeffer

2 Portionen

Zubereitung

Gurke, Apfel und Minzeblätter waschen. Die Gurke in dünne
Scheiben schneiden. Den Apfel vierteln, entkernen und ebenfalls in
dünne Scheiben schneiden. Den Ingwer schälen und in Scheiben
schneiden. Den Saft der Limette auspressen.

1 Liter Wasser in eine große Karaffe geben. Ingwer, Gurke, Apfel,
Limettensaft, Minzeblätter und Cayennepfeffer dazugeben. Das
Detox-Wasser in den Kühlschrank stellen und ein paar Stunden
ziehen lassen.

TIPP

Das Detox-Wasser ist ideal für morgens nach dem Aufstehen,
der Cayennepfeffer kurbelt den Stoffwechsel an und die Säure
der Limette sensibilisiert den Magen.

Minze-Kakao-
SMOOTHIE MIT ANANAS

Die erfrischende und aromatische Minze macht diesen Smoothie so lecker. Der Geschmack erinnert etwas an Minzschokolade, aber eben als gesunde Variante.

Zutaten

1 Handvoll Babyspinat

10 frische Minzeblätter

1 Banane

½ frische Ananas

½ Avocado

250 ml ungesüßte Mandelmilch

2 TL schwach entöltes Kakaopulver

Kokosblütensirup (nach Geschmack)

1 TL Kakaonibs

2 Portionen

Zubereitung

Den Spinat verlesen, waschen und abtropfen lassen. Die Minzeblätter waschen, 2 Blätter für die Garnitur beiseitelegen. Die Banane schälen und halbieren. Die Ananas schälen und klein schneiden. Die Avocadohälfte vom Stein befreien und das Fruchtfleisch mit einem Löffel aus der Schale lösen.

Die vorbereiteten Zutaten mit Mandelmilch, 100 ml Wasser, Kakaopulver und Kokosblütensirup nach Geschmack in den Mixer geben und etwa 45 Sekunden pürieren. Je nach Konsistenz noch etwas Wasser hinzufügen untermixen.

Den Smoothie in Gläser füllen, mit Kakaonibs und je 1 Minzeblatt garniert servieren.

TIPP

Babyspinat ist faserarm und lässt sich leicht zerkleinern. Mit einem Hochleistungsmixer kannst du aber auch normalen Blattspinat verwenden.

Power-Protein-
SMOOTHIE

Quark liefert gesundes Protein und lässt sich sehr gut als Basiszutat in einem Smoothie verwenden.

Zutaten

1 Banane

1 Handvoll Himbeeren

300 ml Kokoswasser

250 g Magerquark

2 EL Kokosblütensirup

1 EL Chiasamen

1 EL Mandelmus

2 Portionen

Zubereitung

Die Banane schälen. Die Himbeeren verlesen.

Banane, Himbeeren, Kokoswasser, Quark, Kokosblütensirup, Chiasamen und Mandelmus in einen Mixer geben und etwa 45 Sekunden pürieren. Je nach Konsistenz noch etwas Wasser hinzufügen und untermixen.

TIPP

Bananen werden sehr oft für Smoothies verwendet, da sie gut sättigen und dem Smoothie eine natürliche Süße geben.

Crunchy Banana-
SMOOTHIE

Ein Power-Smoothie mit gesunden Fetten aus den Samen und reichlich zellschützende Antioxidantien aus den Beeren.

Zutaten

2 Äpfel

2 Handvoll Blaubeeren

1 Banane

2 EL griechischer Joghurt

2 EL gemischte Kerne
(z. B. Sonnenblumekerne,
Kürbiskerne, Pinienkerne)

2 Portionen

Zubereitung

Die Äpfel waschen, vierteln und entkernen. Die Beeren verlesen. Die Banane schälen und in Stücke schneiden.

Äpfel, Beeren, Bananenstücke, Joghurt, 100 ml Wasser und 1 Esslöffel Kerne in einen Mixer geben und pürieren. Den Smoothie in zwei Gläser füllen, mit den übrigen Kernen garnieren und am besten sofort servieren.

TIPP

Anstelle der Kerne kann man auch Nüsse nach Geschmack verwenden. Die Nüsse dann vor dem Mixen klein hacken.

Cashew-Dattel-
SMOOTHIE

Frische Datteln sind ganzjährig erhältlich und sind nicht ganz so süß wie getrocknete Früchte.

Zutaten

50 g Cashewkerne
5 Datteln ohne Steine
Meersalz
½ TL gemahlener Zimt
1 Vanilleschote

2 Portionen

Zubereitung

Cashewkerne, Datteln, 1 Prise Meersalz, Zimt und 500 ml Wasser in einen Mixer geben. Die Vanilleschote längs aufschneiden, das Vanillemark mit einem Messer herauskratzen und dazugeben.

Alle Zutaten etwa 45 Sekunden pürieren. Je nach Konsistenz noch etwas Wasser hinzufügen und untermixen.

#SNACKS UND DESSERTS

Wenn es mal schnell gehen muss, sind diese kleinen Snacks genau das Richtige. Suche dir deine Favoriten heraus, koche die Rezepte nach und entscheide, welche Snacks auf Dauer für dich in Frage kommen. Die Zutaten dafür solltest du dann immer vorrätig haben. Das spart Zeit!

Exotischer
KAKI-KURKUMA-PORRIDGE

Ein Porridge muss nicht immer warm sein, sondern man kann ihn auch kalt zubereiten und genießen.

Zutaten

2 Kakis

1 daumengroßes Stück frischer Ingwer

250 ml Kokosmilch aus der Dose

½ TL gemahlener Zimt

1 TL Kurkumapulver

Meersalz

90 g kernige Haferflocken

4 EL Leinsamen

2 Portionen

Zubereitung

Die Kakis waschen und in grobe Stücke schneiden. Den Ingwer schälen. Kakis und Ingwer mit Kokosmilch, Zimt, Kurkumapulver und 1 Prise Meersalz in einen Mixer geben und auf höchster Stufe etwa 45 Sekunden mixen.

Die Haferflocken mit den Leinsamen in eine Schüssel geben und das Kakimus dazugeben. Alles gut umrühren und für mindestens 1 Stunde in den Kühlschrank stellen (noch besser über Nacht).

TIPP

Die Kaki sind unter verschiedenen Namen im Handel. Kaki ist jedoch der gebräuchlichste Name in Deutschland. Ab und zu hört man auch den Namen Persimon oder Sharonsfrucht.

Mango-Chia-Pudding
MIT VANILLE

Die Chiasamen sind reich an Kalzium und Omega-3-Fett-säuren und eine hervorragende pflanzliche Eiweißquelle.

Zutaten

1 daumengroßes Stück
frischer Ingwer

4 EL Chiasamen

1 EL Kokosblütensirup

1 Vanilleschote

300 ml ungesüßte Mandelmilch

100 ml Kokosmilch
aus der Dose

1 Mango

100 g gemischte Beeren

1 Handvoll Minzeblätter

1 EL Kokosraspel

2 Portionen

Zubereitung

Den Ingwer schälen und fein reiben. Den Ingwer mit Chiasamen und Kokosblütensirup in eine Schüssel geben. Die Vanilleschote längs aufschneiden, das Vanillemark mit einem Messer heraus-kratzen und dazugeben. Mandelmilch und Kokosmilch hinzufügen und alles vermischen.

Die Mischung für mindestens 2 Stunden in den Kühlschrank stellen. In den ersten 15 Minuten ab und zu umrühren, damit die Chiasamen keine Klümpchen bilden.

Die Mango schälen, danach das Fruchtfleisch erst vom Stein und dann in Würfel schneiden. Die Beeren verlesen. Die Minzeblätter waschen, trocken tupfen und fein hacken.

Zum Servieren die Mangowürfel unter den Chiapudding mischen. Den Pudding in Schälchen anrichten und mit Beeren, Minze und Kokosraspeln garnieren.

INFO

Mangos gibt es das ganze Jahr über im Supermarkt zu kaufen. Achte darauf, dass sie faserarm sind, so lässt sich das Frucht-fleisch leichter vom Stein lösen.

Pinke Cashewcreme
MIT FRISCHEN BEEREN

Sommerzeit ist Beerenzeit! Bei diesem Rezept kommen drei heimische Beerensorten zum Einsatz.

Zutaten

200 g Himbeeren

100 g Blaubeeren

100 g Erdbeeren

Für die Creme

1 Vanilleschote

80 g Cashewkerne

½ Zitrone

3 EL Himbeeren

2 EL Kokosflocken

1 EL Ahornsirup

Meersalz

1 TL gemahlener Zimt

5 Minzeblätter

1 EL Chiasamen

2 Portionen

Zubereitung

Die Himbeeren, Blaubeeren und Erdbeeren verlesen, waschen und abtropfen lassen. Die Erdbeeren putzen. Dann die Beeren auf zwei Schalen verteilen.

Für die Creme die Vanilleschote längs aufschneiden und das Vanillemark mit einem Messer herauskratzen. Das Vanillemark mit 50 ml Wasser und den Cashewkernen in einen Mixer geben. Den Saft der Zitrone auspressen. Die Himbeeren verlesen. Beides mit Kokosflocken, Ahornsirup, 1 Prise Meersalz und Zimt ebenfalls in den Mixer geben und alles etwa 45 Sekunden pürieren.

Die Minzeblätter waschen und trocken tupfen. Die Cashewcreme auf den Beeren verteilen und sofort servieren. Mit Minzeblättern und Chiasamen garnieren.

Gefülltes Papayaboot
MIT KOKOS UND FEIGEN

Die exotische Powerfrucht Papaya enthält neben Beta-Carotin das Enzym Papain – das kurbelt den Stoffwechsel an, macht superfit und gut gelaunt.

Zutaten

120 g kernige Haferflocken (oder Mandel-Granola, siehe Seite 66)

2 EL Kokosflocken

1 EL Chiasamen

1 EL Ahornsirup

150 ml Kokosmilch aus der Dose

1 große Papaya

½ Avocado

4 frische Feigen

2 EL Cashewkerne

2 Portionen

Zubereitung

Haferflocken, Kokosflocken, Chiasamen und Ahornsirup in eine kleine Schüssel geben und so viel Kokosmilch dazugießen, dass die Mischung bedeckt ist. Alles miteinander verrühren und etwa 30 Minuten ziehen lassen.

Inzwischen die Papaya halbieren und die Hälften mit einem Löffel entkernen. Den Haferflockenbrei in die Papayahälften füllen. Die Avocadohälfte vom Stein befreien. Das Fruchtfleisch mit einem Löffel herauslösen und in Würfel schneiden. Die Feigen waschen und in kleine Stücke schneiden. Die Avocado, Feigen und Cashewkerne auf der Füllung verteilen.

TIPP

Statt Kokosflocken können auch Kokosraspel verwendet werden, die Flocken sind etwas größer und machen optisch mehr her.

Grünkohlchips
AUS DEM OFEN

Diese gesunde Chipsvariante schmeckt richtig lecker und lässt sich zudem sehr gut für Gäste vorbereiten.

Zutaten

250 g Grünkohl

2 EL Olivenöl

Meersalz

Paprikapulver

2 Portionen

Zubereitung

Den Backofen auf 180 °C (Umluft) vorheizen. Ein Backblech mit Backpapier auslegen.

Inzwischen den Grünkohl putzen und waschen, die Blätter vom Strunk abzupfen und auf dem Backblech verteilen.

Das Olivenöl über die Blätter träufeln und mit Meersalz und Paprikapulver würzen. Alles einmal auf dem Blech kurz durchmischen. Den Grünkohl im Backofen (mittlere Schiene) 10 Minuten backen, bis er knusprig, aber nicht braun ist. Zwischendurch immer mal wieder nachschauen, damit die Chips nicht verbrennen.

Gefüllte Avocado
MIT RÜHREI

Ein tolles Low-Carb-Rezept, das mit gesunden Fetten und tierischem Eiweiß lebenswichtige Nährstoffe liefert.

Zutaten

½ Bund Frühlingszwiebeln

2 Eier

4 Eiweiß

Meersalz

Pfeffer

½ TL gemahlener Kümmel

1 Handvoll Petersilienblätter

1 TL Kokosöl

1 Avocado

Chiliflocken (nach Geschmack)

2 Portionen

Zubereitung

Die Frühlingszwiebeln putzen, waschen und in feine Ringe schneiden. Die Eier mit den Eiweißen und den Frühlingszwiebeln verquirlen. Mit Meersalz, Pfeffer und Kümmel würzen. Die Petersilie waschen, trocken tupfen und fein hacken.

Das Kokosöl in einer Pfanne erhitzen, die Eiermasse darin bei starker Hitze fest werden lassen. Dann die Eier bei niedriger Hitze mit einem Pfannenwender mehrfach umrühren.

Die Avocado halbieren und vom Stein befreien. Die Hälften mit einem Löffel etwas aushöhlen und das Rührei in die Avocadohälften füllen. Mit übrigem Avocadofruchtfleisch, Petersilie und nach Geschmack mit Chiliflocken bestreuen.

TIPP

Das Rührei in der Avocado schmeckt nicht nur als Snack, sondern auch zum Frühstück sehr gut.

Zitronen-Kokos-
TOFFEES

Diese gesunden Toffees sind ein leckerer Sommersnack zum Kaffee oder für den Süßhunger zwischendurch.

Zutaten

1 Bio-Zitrone

1 Banane

150 g Kokosraspel

60 ml Kokosöl

75 ml Kokoscreme

Außerdem

eine 24er-Mini-Muffinform

2 Portionen

Zubereitung

Die Zitrone waschen und abtrocknen, die Schale abreiben und den Saft auspressen. Die Banane schälen und auf einem Teller mit einer Gabel zerdrücken.

Zitronenabrieb und -saft, Banane, Kokosraspel, Kokosöl und Kokoscreme in eine Schüssel geben und alles mit einem Pürierstab fein pürieren.

Diese Masse in die Vertiefungen der Mini-Muffinform geben und für mehrere Stunden in den Gefrierschrank stellen. Bei Bedarf einzeln aus der Form lösen und eiskalt genießen.

TIPP

Kokoscreme aus dem Bio-Laden oder Supermarkt ist dickflüssiger als Kokosmilch und lässt sich für Rezepte wie dieses gut verwenden. Sie gibt der Masse die richtige Konsistenz.

Süßkartoffelpommes
MIT KURKUMA-TAHINI-DIP

Die leckeren Süßkartoffeln enthalten mehr Nährstoffe als die sonst üblichen Kartoffeln und lassen den Blutzucker nicht so schnell ansteigen.

Zutaten

Für die Pommes
2 Süßkartoffeln

2 EL Kokosöl

Meersalz

½ TL gemahlener Zimt

Pfeffer

2 EL Speisestärke

Für den Dip
2 EL Tahini (Sesammus)

½ TL Kurkumapulver

½ TL Meersalz

1 EL Ahornsirup

Außerdem
grobes Meersalz (nach Belieben)

2 Portionen

Zubereitung

Den Backofen auf 220 °C Ober-/Unterhitze vorheizen. Ein Backblech mit Backpapier auslegen.

Für die Pommes die Süßkartoffeln waschen (nicht schälen) und in etwa 1 Zentimeter dicke Scheiben, diese dann in etwa 1 Zentimeter breite Stifte schneiden. Die Pommes in einer Schüssel mit Kokosöl, Meersalz, Zimt, Pfeffer und Speisestärke vermischen. Die Süßkartoffeln auf dem Backblech verteilen, ohne dass sie sich berühren. Die Pommes im Backofen (mittlere Schiene) in 20–25 Minuten knusprig backen, dabei nach 10 Minuten einmal wenden.

Für den Dip 2 Esslöffel heißes Wasser mit Tahini, Kurkumapulver, Meersalz und Ahornsirup gut verrühren. Die Pommes herausnehmen, nach Belieben mit grobem Meersalz würzen und mit dem Dip servieren.

TIPP

Tahini gibt es in jedem Bio-Laden und mittlerweile auch im gut sortierten Supermarkt. Das Sesammus ist eine tolle Basis für Soßen aller Art.

Sommerliche
BANANEN-EIS-POPS

Diese bunten Eispops sind besonders beliebt bei Kindern und eine gesunde Alternative zu handelsüblichem Eis.

Zutaten

2 Bananen

2 EL Mandelmus
(wahlweise Erdnussmus)

1 EL Chiasamen

1 EL Gojibeeren

1 EL Kokosflocken

1 EL Kakaonips

2 EL Haferflocken

1 EL Hanfsamen

Außerdem
kleine Holzspieße

2 Portionen 🍴

Zubereitung

Die Bananen schälen und jeweils in 2 Stücke schneiden. Die Bananenstücke auf kleine Holzspieße stecken. Die Bananenstückchen mit Mandelmus bestreichen.

Dann die Spieße mit den Bananenstücken in Chiasamen, Gojibeeren, Kokosflocken, Kakaonibs, Haferflocken oder Hanfsamen wenden, sodass die Zutaten an dem Mandelmus kleben bleiben. Die Bananenspieße für mehrere Stunden in den Gefrierschrank stellen und bei Bedarf eiskalt genießen.

Beeren-Nuss-
TÖRTCHEN LOW CARB

Die fruchtigen Törtchen sehen wunderbar aus und
strotzen nur so vor gesunden Fetten und Vitalstoffen.

Zutaten

Für die untere Schicht

200 g Pekannusskerne

75 g Datteln ohne Steine

Für die mittlere Schicht

250 g Himbeeren
(wahlweise TK-Himbeeren)

2 TL Limettensaft

3 TL Ahornsirup

130 g Cashewkerne

Für die obere Schicht

1 Vanilleschote

300 g Cashewkerne

100 ml Ahornsirup

1 EL Limettensaft

Außerdem

eine 12er-Muffinbackform

10 Papierbackförmchen

Blaubeeren, Himbeeren und
Brombeeren (zum Garnieren)

10 Stück

Zubereitung

Die Papierbackförmchen in die Vertiefungen der Muffinbackform
setzen. Für die untere Schicht Nüsse und Datteln in einen Mixer
geben und pürieren, bis die Nüsse zerkleinert sind.

Die Nussmasse als Boden in die Vertiefungen geben und mit
einem Löffel andrücken. Die Form in den Kühlschrank stellen.

Inzwischen für die mittlere Schicht die Beeren verlesen, mit
Limettensaft, Ahornsirup, Cashewkernen und 50 ml Wasser in
einen Mixer geben und zu einem Mus pürieren. Die Muffinbackform herausholen und das Beerenmus auf die untere Schicht
geben. Die Form in den Kühlschrank stellen.

Inzwischen für die obere Schicht die Vanilleschote längs aufschneiden und das Vanillemark herauskratzen. Vanillemark und
die übrigen Zutaten in einen Mixer geben und pürieren. Diese
Masse als oberste Schicht in die Vertiefungen der Form einfüllen,
leicht andrücken und glatt streichen. Die Form in den Kühlschrank stellen. Die Törtchen aus den Vertiefungen nehmen und
mit ganzen Beeren garnieren. Die Törtchen kalt genießen.

Power Balls
MIT DATTELN UND KOKOS

Ein schneller Snack zum Naschen für zwischendurch und für den plötzlichen Süßhunger unterwegs.

Zutaten

70 g Mandeln

5 große Datteln

2 TL stark entöltes Kakaopulver

6 TL Kokosöl

4 TL Mandelmus

Kokosraspel (zum Wenden)

10 Stück

Zubereitung

Die Mandeln in einen kleinen Mixer geben und fein mahlen.

Die Datteln entsteinen und mit Kakaopulver, Kokosöl und Mandelmus in den Mixer zu den Mandeln geben. Alle Zutaten so lange mixen, bis eine homogene Masse entsteht.

Die Masse aus dem Mixer nehmen. Aus der Masse zwischen den Handtellern 10 Kugeln mit etwa 3 Zentimeter Durchmesser formen. Die Kokosraspel auf einen Teller geben und die Power Balls darin wenden.

TIPP

Die Bällchen einzeln in Frischhaltefolie einwickeln und in einer Dose mit gut schließendem Deckel verstauen. So verpackt lassen sie sich überallhin mitnehmen.

Mandel-Energie-
RIEGEL MIT KAKAONIBS

Diese Energy Bars spenden dir jede Menge Energie und lassen sich auch zur Arbeit super mitnehmen.

Zutaten

1 Vanilleschote

85 g Honig

120 g Mandelmus

2 EL Kokosöl

70 g Mandeln

70 g Walnusskerne

70 g Pekannusskerne

70 g Cashewkerne

5 Datteln ohne Steine

35 g Sonnenblumenkerne

25 g Kokosflocken

50 g Kakaonibs

Außerdem

1 quadratische Backform
(20 x 20 cm)

2 Portionen

Zubereitung

Die Backform mit Backpapier auslegen.

Die Vanilleschote längs aufschneiden und das Mark mit einem Messer herauskratzen. Das Vanillemark mit Honig, Mandelmus und Kokosöl in einer Pfanne vermischen und bei niedriger Hitze heiß werden lassen.

Inzwischen die Mandeln, Walnusskerne, Pekannusskerne und Cashewkerne mit Datteln, Sonnenblumenkernen und Kokosflocken in einer Küchenmaschine zerkleinern.

Die warme Honigmischung aus der Pfanne in die Nuss-Dattel-Mischung einrühren und alles gut vermischen. Die Masse in die Form geben, fest in die Form drücken und glatt streichen. Die Kakaonibs darauf verteilen und leicht eindrücken.

Die Backform für etwa 2 Stunden in den Gefrierschrank stellen. Danach die Masse kurz antauen lassen und in 20 rechteckige Riegel schneiden.

TIPP

Verwende am besten Medjol-Datteln aus dem Supermarkt, denn diese sind größer und haben ein kräftigeres Aroma.

#REZEPTREGISTER

#SACHREGISTER

#ÜBER DEN AUTOR

Ich war schon immer ein sportbegeisterter Mensch und für jede Art von Bewegung zu haben. Mit sechs Jahren fing ich an Fußball zu spielen. Die Erfolge ließen nicht lange auf sich warten, ich holte mit meiner Mannschaft Titel um Titel und so wurden wir damals eine der erfolgreichsten Fußballmannschaften der Region. Durch ein Auswahlverfahren konnte ich mich für die Süddeutsche Jugendmannschaft qualifizieren. In dieser Zeit gehörte ich zu den besten Torhütern in ganz Süddeutschland. Meine Leidenschaft für den Fußball endete mit 27 Jahren. Danach gönnte ich mir eine kleine Sportpause, in der ich ziemlich schnell an Gewicht zulegte.

Der Wunsch, einmal bei dem legendären Ironman Hawaii zu starten, erwachte 1997 in mir, als die ersten drei Plätze von deutschen Athleten belegt wurden. In den Medien hörte ich damals das erste Mal etwas von dieser unglaublichen Ausdauerleistung, bei der ein Mensch 3,8 Kilometer durch den Pazifik schwimmt, 180 Kilometer durch die karge Lavawüste mit dem Rad fährt und zum Abschluss einen Marathon über den glühenden Asphalt läuft. Dieser Wunsch wurde zu einem Traum, der mich nie wieder losließ.

15 Jahre später gehörte ich selbst zu diesen Athleten. Der Weg dorthin war lang und beschwerlich. Trotz zahlreicher Rückschläge habe ich aber immer fest daran geglaubt, mir diesen Wunsch erfüllen zu können. Mir wurde klar: Niemals aufgeben und ein Ziel vor Augen haben, das motiviert mich und versetzt Berge. Sei stark und halte durch wurde zu meinem Leitmotiv, wenn ich alte Gewohnheiten durchbrechen wollte. Egal, ob es der innere Schweinehund ist, der einen davon abhält, ins Training zu gehen, oder festgefahrene Ernährungsgewohnheiten. Und das wurde mein Motto: Sei immer ehrlich zu dir selbst und finde keine Ausreden für ein Verhalten, das du eigentlich gar nicht an dir magst.

Jeder kann es schaffen, Wünsche oder Träume zu realisieren. Und jeder, der es geschafft hat, ist stolz auf sich und das Erreichte. Selbst kleine Erfolge zählen, denn irgendwann hat man das „Große" geschafft und seinen Traum gelebt.

Sei auch du die Person, die du sein willst, und warte nicht darauf, bis du alt bist und dann vielleicht das Verpasste bereust. Arbeite wie ich daran, dir deine Träume zu erfüllen, und starte jetzt in diesem Moment damit. Den richtigen Zeitpunkt dafür gibt es nicht.

Nachdem ich mir meinen sportlichen Traum erfüllt hatte, habe ich dem Triathlonsport den Rücken gekehrt und arbeite seit 2013 als Ernährungsberater, Personaltrainer und Motivator im Raum München. Ich gebe meine Erfahrungen an Menschen weiter, die sich gesünder und bewusster ernähren möchten.

Meine Philosophie und meinen Lebensstil weiterzugeben macht mir so viel Spaß, dass ich mich 2013 dazu entschloss, das „Clean-Eating-Konzept" in Deutschland auf meiner Webseite bekannt zu machen. Für mich ist es der größte Erfolg, wenn ich meine Philosophie verbreiten und Menschen dazu motivieren kann, sich mehr mit ihrem Körper und ihrer Ernährung zu beschäftigen, als sie es bisher getan haben.

Ich war viele Jahre bei einem der größten Hersteller für Fertignahrung beschäftigt. Inzwischen ist mir klar, dass die Inhaltsstoffe in diesen industriell hergestellten Fertigprodukten unserem Körper schaden und bei dauerhaftem Konsum wie Gift auf ihn einwirken.

Es geht nicht darum, hin und wieder verarbeitete und industriell gefertigte Nahrungsmittel zu konsumieren. Sondern es geht darum, nicht tagtäglich – bewusst oder unbewusst – diese ungesunden Lebensmittel in sich hineinzustopfen. Mit Genuss hat dies nichts zu tun. Glaube nicht Menschen, die dir Nahrungsergänzungsprodukte oder Diäten verkaufen wollen, die einen hohen gesundheitlichen Nutzen versprechen.

Meine Empfehlung: Das Wichtigste ist und bleibt eine Ernährung, die mit natürlichen und nährstoffreichen Zutaten frisch zubereitet wird und zu deinem Alltag passt. Das Ergebnis nach der Umstellung wird dich begeistern. Ganz egal, ob du eine Gewichtsreduktion erreicht und dadurch ein größeres Selbstvertrauen bekommen oder eine deutliche Verbesserung des Gesundheitszustandes erlangt hast.

....

Clean Eating funktioniert zu 100 Prozent, dafür gebe ich dir mein Wort.

....

#DANKSAGUNG

Bedanken möchte ich mich zuallererst bei meiner Frau **Nadine,** die mich enorm unterstützt hat, während ich dieses Buch geschrieben habe. Vielen Dank auch an **Natascha Mössbauer** von der **Edition Michael Fischer** für die tolle Zusammenarbeit. Vielen Dank der **Firma Vitamix®,** die mir einen Hochleistungsmixer der Professionell Serie 750 zur Verfügung gestellt hat. Ebenso bedanken will ich mich bei der **Firma Sana** für den hervorragenden Entsafter EUJ-707. Kurzum, ich will mich bei allen bedanken, die zur Realisierung des Buchs „Detox, Power up your Life" beigetragen haben.

#IMPRESSUM

Bibliografische Information der Deutschen Bibliothek. Die Deutsche Bibliothek verzeichnet diese Publikation in der deutschen Nationalbibliografie.

Detaillierte bibliografische Daten sind im Internet über http://www.d-nb.de/ abrufbar.

EIN BUCH DER EDITION MICHAEL FISCHER

1. Auflage 2016
© 2016 Edition Michael Fischer GmbH, Igling

Bildnachweis:
Buchczik Nadja (Fotos) und Anton Enns (Foodstyling), Bielefeld: S. 1, 2/3, 4 Mitte und unten, 5, 8/9, 19 oben rechts und unten links, 33, 37, 43, 45 rechts oben und links unten, 47, 54/55, 56/57, 84/85, 120/121, 146/147, 170, 176, alle Rezeptbilder
Wittmann Patrick, München: S. 4 oben, 6, 15, 19 links oben und rechts unten, 20, 23, 29, 35, 45 links oben und rechts unten, 49, 51, 168/169, 175, alle Bilder Fitnessplakat

Covergestaltung: Verena Raith
Redaktion und Lektorat: Maryna Zimdars, Unterföhring
Produktmanagement: Natascha Mössbauer
Layout und Satz: Verena Raith

ISBN 978-3-86355-562-7

Printed in Slovakia

www.emf-verlag.de